日本の地下人脈

戦後をつくった陰の男たち

岩川　隆

祥伝社文庫

日本の国土大漁

八田 實

日本の地下人脈　目次

第一章　海軍人脈と中曽根康弘《なかそねやすひろ》

序　一つの言葉と、一つの光景

中曽根康弘がついに総理・総裁の座を獲得したと聞いたとき、私の脳中にすぐ浮かんできたのは一つの言葉と、一つの光景であった。一つは、かれがまだ政界の〝青年将校〟と呼ばれていたころ、取材に行ったさきの元大学教授から、雑談のなかで耳にした。

「政治家はいずれも嫌いですが、なかでも、あの男だけは許せません。終戦前後、私はさる軍需部に徴用されていました。終戦ときまって軍部にも自決や窃盗やいろいろなことがあり、世相は乱れ、混沌《こんとん》としていました。私は残務整理を申しつけられて働いていましたが、某日、トラックに乗った数人の兵と士官がどやどやとやってきた。〝軍の命令だ。物資を出せ〟と言うんです。軍は消滅したも同様だし、にわかに応ずるわけにはいかない。私は反撥《はんぱつ》しました。しかしリーダーである士官はさっそうとしていて〝軍の要望だ〟と強圧的に、物資をトラックに載せて行ってしまいました。盗んだのではないかもしれません。たぶん上部からの命令でやってきたのでしょう。使命感もあったでしょう。しかし、あの時期に、他人の立場などを考えず権力でことを強引にすすめる姿を憎悪しました。その士官というのが中曽根康弘ですよ。どのように出世しようと私はかれを嫌いだし、信用しません」

と、そのひとは唇をふるわせた。中曽根康弘は、ご存知のごとく、終戦時は海軍主計大尉として高松の海軍運輸部に勤務しており、それ以前は東京の海軍兵備局二課・軍務局三課にいた。終戦直後の出来事といえば、四国の高松にいたころだろうか。それとも東京であったことなのか。今回あらためてその元教授に確認すると、「そんなことを言いましたかな。記憶ちがいかもしれません」と言う。口から出まかせの言葉なら中曽根ご本人にお詫《わ》びしなければいけないけれども、私の頭の中にはずっとこの〝証言〟が残っていた。おそらくそれは、中曽根康弘という人物のさっそうとした正義感にあふれた言動にただよう漠とした不安――その感じをこの挿話がよくあらわしているためだろう。

いま一つは、昭和五十年五月十六日、私の恩師ともいうべき作家・梶山季之《かじやまとしゆき》が亡くなったときに見た通夜の光景である。梶山季之は政財界にも知己が多かった。前年の一月には自民党から参院選出馬の誘いも受けている。市ケ谷の自宅に集まってきた通夜の客の多くは、マスコミや出版関係の人たちであったが、なかには江崎真澄《えさきますみ》や中曽根康弘の姿もあった。中曽根康弘が故人とどの程度のつきあいであったか私は知らない。江崎のことは折りにふれて聞いていたが、中曽根については聞く機会もなく、公務が忙しいだろうによく律義に駈《か》けつけてもらった、という感じがあった。中曽根は当時、自民党の幹事長である。

通夜の席は二階に設けられた。私は、偶然のことだが、細長い机をはさんで中曽根康弘と対面する位置に坐った。中曽根は端然としていた。つめかけた人たちは胡座《あぐら》をかき、肩を接するように並んで哀しみとも怒りともつかぬ感情をもてあまして酒を飲む。同じ通夜の客として私は眼の前の中曽根に声をかけようかと思ったが、どのように話しかけていいか、とっつきにくい感じがある。だれも中曽根には話しかけない。中曽根のほうも、杯を前に置いたまま黙っている。何を考えているかわからない。くだけたところがなくて、その席に似つかわしくない。違和感さえ漂っていた。

酔いがまわってきたころ、隣りに坐って私と喋《しゃべ》っていた、硬骨漢で知られる某出版社の編集局長クラスの人物が「こんなのが来ているからいけないんだ」とあからさまに中曽根のほうを向いて言った。指はささなかったが肘《ひじ》や顎《あご》を動かして、「こんなところに、こういうのが来るのがいけないんだ」ともう一度言った。かれは政界までが故人を利用しようとしたことに怒りを抱いていたのだ。かなり大きい声だったので、まちがいなく耳にとどいたはずだが、中曽根はすこしも表情を動かさなかった。正面を向いたまま端然としていた。座が乱れてきたあとも、中曽根の周囲だけはぽっかり空洞があいたようにみえた。

私はこのときの中曽根康弘の姿を思い出すたびに、いったい、いつも何を考えているのだろうかと得体の知れぬものを感じる。ひとはかれをシャイ（照れ屋）であるという。PRが下手だという。しかし〝孤立しながらも正々堂々〟〝無風状態なのに、あえて風に向かって立つ〟といったような思い込みや意気込みや姿勢、ポーズがありはしないか。なぜ姿勢をくずすことができないのか。

1　弁舌人脈――華やかな演説に惚《ほ》れた人々

自分の声に酔う男

中曽根康弘の特徴と魅力はカッコよさ、スマート、雄弁にあるといわれる。口を開けば演説、といおうか。一対一のくだけた日常会話は不得手のようだが、演説となると聞くものをうっとりさせる。

周辺をさぐってみると、中曽根の側近には〝弁舌人脈〟とでも名づけたい人が多いのにおどろく。

「ぼくが政治に興味を抱いたのは高校時代からのことで、早大（法学部）に進学してからは雄弁会に入った。演説がうまくなりたかったんです。NHK放送の討論会などには腕をみがくためにかならず出かけました。中曽根さんの姿を見て憧《あこが》れたのは昭和三十年前後だったでしょう。新橋駅前で各党の領袖《りょうしゅう》たちが競って演説をしていた。浅沼稲次郎《あさぬまいねじろう》もいました。学生だった私はかじりつくようにして、いちばん前で聴いた。なかで、私を夢中にさせたのは中曽根先生の演説でした。そのころ青年将校といわれていた中曽根先生の演説には迫力があったし、気合がこもっていた。聴く者の心をふるわせる何かがありました。いまでもよくおぼえているくだりは、〝私（中曽根）が若いころには、青年たちがこの日本を動かしていくんだ、という夢と希望を持っていた。いまでは国家のために、などと考える青年は少ないし、人生にたいしても夢や希望を失いつつある。私たちは青年に夢を持たせてやらなくてはなりません。そうした世の中にしようじゃありませんか〟というのです。心情的にも、現実的にも、ぼくに政治にたいする夢を与えてくれたのは中曽根先生の言葉でしたよ」

というのは自民党・中曽根派（衆議院議員）の深谷隆司《ふかやたかし》であった。

深谷は昭和三十年、二十歳のときに自民党学生部の初代副幹事長をつとめている。昭和三十八年、二十七歳のとき東京都の台東区議選に立候補して当選。昭和四十年には都議選に出馬、二十九歳の若年なので自民党の公認がとれず、無所属で立候補した。このとき力になってくれたのが中曽根康弘の演説のテープであったという。いわく、

「現在は、明治・大正・昭和の三世代が生きています。明治の人は経験を積んでおられる。自動車であれば客席に乗っていただき、右のほうへ行ったら早道だよ、左は行きどまりだよ、と指示していただく。大正の人はいわば運転手で、お客さんの指示に従って自動

車を動かす。昭和の世代は車でいえばエンジンです。明治・大正・昭和の三代が一致して日本という国を動かして行かなくてはなりません。私としては深谷君をエンジンにして、その政治力を遺憾なく発揮させてやりたいと考えているのです」という。

内容はさして深い意味を持たないが、自動車になぞらえるところなどはうまいものだ。

政治に演説はつきもので、古来、政治家に名演説家は絶えないが、中曽根康弘の場合はどうも弁舌の徒、口舌の徒ではないだろうかという印象がつきまとう。演説が好きなのである。「中曽根先生はご自分の演説をほとんど残らず録音されています。昭和二十年代の、直径二十センチもあるオープン・リールのテープの時代から記録をとっておられる。声も現在とほとんど変わらず、話もおもしろくて、うまいなあと感心する。自分の演説をあとで聞きなおし、改善したり言いまわしを考えたりして、次回の演説に役立てていたのだそうです。努力されていたんですね」と元秘書の一人は語っている。歌手が自分の歌声をテープで聞くようなものだろうか。眼をつむってうっとりしたり首をひねったり、あわててテープをまきもどす中曽根康弘のすがたが眼の前にうかんでくる。

「おれの声はセクシーなんだそうだ。国際的なお墨つきだ」

と中曽根は冗談半分に自慢することがあるという。かつて中曽根の声がアメリカの放送で流れたときがあり、それを聴いていたアメリカの一婦人が中曽根に会ったときセクシーな声だとお世辞を言った。以来、声についての自信はさらに深まったのか。もともと、興に乗れば夜道を歩きながら同行者にシャンソン「枯葉」を歌って聞かせる男である。どこかナルシストの部分があり、自分の演説の名調子や言葉の巧みなところに自分自身が酔うところがある。そこで、つい要らざることを、屋上屋を重ねるように言ってしまう。

互いに〝勇気〟を讃《たた》え合っている石原慎太郎でさえ、麻生良方《あそうよしかた》との対談で、

「うむ。中曽根さんはふた言もみ言も多いねえ」

と言ったりしている。これが評論家の三鬼《みき》陽之助となると、その労著『献金金脈』（講談社刊）のなかで、『どういうわけか、中曽根康弘に想到すると、きまって〝演説〟の姿がうかぶのである。そして、きまって後味悪い〝事件〟が現われてくるのである』と述べて、中曽根康弘の〝演説〟のあとにくる〝金脈〟との関係について語っている。記念パーティや結婚披露宴などにおける中曽根康弘の挨拶は、相手も苦笑し、周囲もしらけるほどの名調子、お世辞になるときが多いという。喋っている自分自身はわからない。歌手が自分自身の歌声に聞き惚《ほ》れて歌っているようなもので、聴いている者に、

――ほんとうは、何を考えているのだろう。

と、思わせる。なかには、

「巧言令色鮮矣仁（こうげんれいしょく、すくなしじん）」

と言い切ったひともあった。総理になってから口をついて出た「不沈空母」「運命共同体」「バックファイアー阻止」などの言葉も、そういう浮かれた歌いすぎの一例だろう。

身内の会なら聴きながらにが笑いするだけですむが、公《おおやけ》の場で酔ってもらってはちょっと困る。

〝対話〟に乏しい〝カッコ良さ〟

このような〝弁舌人脈〟は陰湿な人脈にはなり得ない。あまりにも〝陽の当たりすぎる〟人脈とでもいえるだろうか。タレント人脈によく似ているともいえよう。〝地下水脈〟に触れるのはしばらくおいて、もうすこし地上人脈を追ってみよう。

当然のことだが、自民党中曽根派にはこの〝弁舌〟に惚れて馳《は》せ参じたというひとが多い。いまや自民党の全国組織委員長でもある衆議院議員・中尾栄一もやはり、「最初に中曽根さんを見たとき西郷南洲（隆盛）を連想した」と言っている。中尾が中曽根の弁舌に惚れたのは昭和二十七年の秋、青山学院大学三年生のときである。すでに中尾は改進党総裁・芦田均《あしだひとし》のカバン持ちをつとめて一年が経過していた。

「場所はよくおぼえていないが、芦田さんを囲んで討論会が催されたことがある。そこである青年代議士が詰問するように指をさしながら、芦田総裁にたいして鋭い質問を発した。芦田さんも論客として知られていたが、釈明するのに苦労するくらいだった。中曽根さんはふさふさとした黒髪をぴしっと七・三に分け、濃くて太い眉は西郷南洲のようでした。やや高い声は風鈴のようによく通った。黒いスーツもよく似合う。それが中曽根さんだったのだよ。若いけど総裁を追い込むほどの度胸と迫力。これはきれる男だなと思ったね。そのときの印象はいまも強く残っている。中曽根さんも若かったが、当時から私の兄貴のような存在になった」

ふさふさとした黒い髪、風鈴のような声、黒いスーツ。雄弁。まるで華やかな舞台に立つようだ。政治家志望の青年を魅了する姿である。芦田均も、中曽根康弘の演説については、

「あいつはずば抜けている。伸びるぞ」

と言っていたという。芦田もまた名演説家として知られていた。芦田亡きあと中尾は中曽根を慕《した》い、昭和三十三年の総選挙では、中曽根康弘の代理として群馬三区を演説して歩いて、選挙区を守る。

「私は二十七歳のときから、政治家として公私ともに中曽根さんの影響を強く受けた。結婚の際も、中曽根さんが後見人だった。ぼくからみて、芦田さんと中曽根さんの二人は戦後一、二を争う雄弁家ではないかと思う。アジるタイミング、淡々と流すリズム、そのメリハリは他の政治家の追随を許さぬものがある。内容もさることながら、声に魅力がある。あれはシャンソン向きの声だよ。ぼくが学生で中曽根さんも二年生議員か三年生議員のころ、銀座の〝林檎屋《りんごや》〟というクラブでよく飲むことがあった。中曽根さんはシャンソンの『枯葉』をフランス語で歌い、きまって『もずが枯木で』（サトウハチロー作詞・徳

富繁作曲）という反戦歌を歌っていたな。中曽根さんはちょっと見た目には冷たい男という印象を与えるが、つきあってみると庶民的なところがあるよ。気さくでね。夜を明かして飲むことだってある。だからといって、酒でくずれることはない」

と中尾は言う。深谷隆司代議士と同じく、中曽根に最初に魅《ひ》きつけられた要素が性格や人間性や信念、人徳といったようなものではなく、外見であり〝カッコ良さ〟であるところが興味深い。マス（大衆）を動かす政治家にとって演説や弁舌はたしかに重要な才能と技術であろうが、それを聞かされる私どもからみれば中曽根康弘はきわめて危険な政治家ということになる。「風鈴のような声」と「アジるタイミング」「淡々と流すリズム」にだまされてはいけない。うっとりしてはいけない。「わかりやすい政治」の外見と解説をうのみにしてはいけない。油断ならないのである。

「私は当時十六歳でした。尾張一宮にいて一宮市立南部中学校を卒業して印刷工場に勤めていました。そのとき市内の大志小学校で、愛知三区から立候補した河野金昇さんの応援演説の集会が催された。河野さんは海部俊樹《かいふとしき》さん（現・衆議院議員）の先生にあたる人物です。応援に来ていたのが中曽根さんと三木武夫さんでした。私は政治家の演説を聞くのが好きで、その日は初めて中曽根さんの演説を聞いたのですが、これは群を抜いてうまかった。話に聴き入っているうちに、するりと中曽根さんの世界に引き込まれ、とけ込んでしまうような魅力がありました。講堂内には三百人くらいの聴衆がいましたが、演説が終わるとわれんばかりの拍手でした。私は興奮と感動で、世の中にはこういうひともいるのかと思いながら自宅に帰った。それからというものは、定期的に中曽根先生に手紙を出しました」

と語ってくれたのは中曽根康弘が拓大総長のとき秘書補佐をつとめていた大田勝巧（現・拓大企画広報室電算課長）であった。

大田少年は「書生にしてほしい」とせっせと手紙を書く。昭和三十一年には、矢も楯《たて》もたまらず印刷所をやめて上京し、富士見町の中曽根家をたずねる。「帰れ」といわれたが、帰らない。けっきょく都内に就職先を世話してもらい、働いているうちに昭和四十三年、秘書補佐として拓大に就職した。拓大出身の渡辺秀央《ひでお》秘書（現・衆議院議員）の補佐という立場であった。

こうなるとファンがラブレターをせっせと書くのに似ている。このたび私は中曽根康弘の〝著書〟をほとんど読ませてもらったがいずれも、いまひとつ胸の中に残るものがない。肚《はら》の奥にずしんとくるものがない。なぜだろうと考えるうちに、ひとつは、書物のなかに一対一の〝対話〟がないせいだと気づいた。ほとんどはマス（集団）を意識し、予想した感覚の文章で、そのまま演説として読んでもおかしくはない。

政治家の文章は概してそういうところがあるが、中曽根康弘の場合はとりわけ特徴的なように思われる。読書はしかし、講演ではなく、聴衆を相手にしたものではない。著者と読者とは一対一の対話を交わす仲であり、そこには著者の体臭や息づかいが伝わってくるはずだろう。ところが体臭は稀薄であり、味わいに乏しい。

「性格は淡白で、意外に、ぼんぼんのように単純なところがある。白か黒かをはっきりさせ、イエスかノーを明確にして、曖昧《あいまい》を許さない。肚芸《はらげい》などはにが手だ」

という友人の人物評から考えると、〝曖昧な深み〟や〝味〟などとは縁遠い性格なのかもしれない。著書のなかから投げてくる球は軽く、読者である一対一の私の頭上をオーバーして、背後の群衆のスタンドに消えて行く。危険な演説家、弁舌家の資質をよくあらわしているように思う。かれの性格をよく知る旧制高校時代の友人の一人は、

「政治家・中曽根は、いってみれば華やかな舞台すがたで知られた歌舞伎の花形・十五世市村羽左衛門《いちむらうざえもん》に似ているね。顔はいい、芸にも花がある。しかし役者としてさしたる功績を残さなかったというのが、十五世羽左衛門だったと思う。かれが十五世羽左衛門で終わるか否かは、今後総理として何ができるか、何をしたかということにかかってくるだろう」

と言っている。では〝弁舌〟を取り去ったときの中曽根康弘は、どのような素顔と、どのような種類の人脈を持っているのだろうか。

河野一郎、児玉誉士夫との〝黒の軌跡〟

さきにあげた『献金金脈』のなかで、三鬼陽之助は「演説のあとに事件がくる」として自分が見聞した挿話を紹介している。それによると、昭和四十年ごろ、伊豆の長岡に近いレジャー関係の土地開発で、新興の仕事師として当時有名だった人物の披露宴があった。そこにはまだ健在の大野伴睦《ばんぼく》についてきた中曽根康弘の姿もあった。さっそうとして演壇に立った中曽根は例によって、

「このひとほど情宜に厚く、人間関係を尊重する人物をほかに知らない」

と、聞く者が照れ臭くなるほどの絶讃の演説をぶった。当時、その人物が中曽根に献金していたことは同席者たちもよく知っていたという。つづいて立った三鬼は、

「経営者が政治家に褒《ほ》められるときは、いささか警戒を要する」

とちくりと皮肉を言ったそうだ。

それからまもなく、その人物が三鬼宅を訪れて、「中曽根のような男でなければ日本の政治は救われない」と青年政治家・中曽根康弘を高く評価することを強調し、中曽根に経営権を移譲する話がすすんでいることまで洩《も》らして帰って行った。

ところが、それから数年後、その人物の事業計画は失敗し、裁判沙汰にまでなったという。

「そのとき某氏は、一時、あれほど絶讃した中曽根を、あんな恩知らずな男はないと、毛

虫のように罵倒《ばとう》した。私は、伊豆長岡での中曽根〝演説〟をあらためて想起したのであった」

と、三鬼は書いている。

政治には金が要る。金をつくるためには、事業家との縁もたいせつになり、そのとき中曽根が奉仕できる第一のサービスは、〝弁舌〟ということになるだろうか。

政治家としてスタートしたとき、中曽根は河野一郎のもとに走った。河野一郎を中心とした萩原吉太郎《はぎわらきちたろう》、永田雅一《ながたまさいち》、児玉誉士夫《こだまよしお》などとの人脈がこのときから強固なものになっている。

児玉誉士夫が中曽根の人物を高く買い、可愛がっていたことはよく知られている。その著書には、しばしば〝青年将校〟中曽根の名が登場してくる。

岸内閣が崩壊して池田内閣が誕生したとき池田と犬猿の仲であった河野一郎は脱党さえ決意した。このとき後援者であった萩原吉太郎（当時、北海道炭礦汽船社長）や永田雅一（当時、大映社長）などとともに、児玉もまた反対する。しかし、河野はどうしても脱党すると言い張り、二十五名以上の者が自分についてくると自信のほどを見せた。このときに見られた中曽根康弘の態度を児玉は誉《ほ》めたたえている。

「重政誠之、中曽根康弘の両氏が入ってきたので、河野さんは重政氏に向かって『二十五名は確実だな』と言葉をかけた。重政氏は『まあ、ありますよ』と、なにか煮え切らないような返事をした。それで私は中曽根氏に向かって『率直に聞きたいが、脱党したら河野についてくるのは何名か、あんた正直に答えてもらいたい』と尋ねた。すると中曽根氏は、手帳を出して見ていたが、『ほんとうについてくる者は十名そこそこでしょう。泣き泣きついてくるのは七、八名いますかな』と、実に思うところ、本当のことをズバッといい切った。これに驚いたのが河野さんで、顔色を変えて立ちあがると――『中曽根君、ちょっと用がある』と廊下へ連れ出したが、中曽根氏はそのまま帰ってこなかった。多分、河野さんにおこられて追い返されたものと思う」（児玉誉士夫著『風雲』）

と書いている。ここには、白か黒か、はっきりしたことしか言えぬ中曽根の性格がよく出ている。

「このとき私は、中曽根氏の人物を見たと思った。私はともかくとして、永田、萩原両氏は当時河野さんのブレーンでもあり、また後援者だった。その前で敢然と河野さんの間違いを指摘してはばからず、はっきりと情勢の判断を下している。チョット普通の人間ではできないことだと思った」

と児玉は言い、重政は所詮《しょせん》、河野一郎の執事長にすぎないけれども中曽根という男はちょっとちがうと書いている。これは、なみの褒《ほ》め方ではない。

同じく著書の『生ぐさ太公望』（広済堂出版刊）などを見ると、河野一郎亡きあとはどうなるのだと他人から訊《き》かれて、「（河野の志を継ぐ人は）中曽根さんでしょう。あの人は大臣病の方は免疫だし、金を貯めようとする妙な小欲がない。いわば書生ぽ気質で、群小の政治家がするような駈け引きもないし、第一、彼には狡《ずる》さがない。彼なら将来必ずや河野さんの志を継ぐでしょう」と持ち上げている。

中曽根の若武者ぶりには児玉も眼を細めていたのである。秘書の太刀川恒夫《たちかわつねお》（現・東京スポーツ代表取締役）を中曽根のもとにあずけた事実をみても、そのいれ込みようがわかる。こういう河野・児玉人脈とのつながりは、しかし、〝白〟の軌跡を残そうとする中曽根康弘にとって幸せなことではない。

〝九頭竜《くずりゅう》ダム事件〟に〝関与〟していたことは当事者の一人が書いた『権力の陰謀』（緒方克行著、現代史出版会刊、徳間書店発売）によって暴露された。それによると中曽根は児玉が一千万円の〝費用〟で請け負った補償問題の交渉の手先となって動き（動かされたというべきか）、電発（電源開発KK）の大堀副総裁にも会っている。その交渉の進行中にたまたま河野一郎が急逝。「それどころではなくなった」と児玉は依頼主の著者・緒方を自宅に呼んで一千万円を返す。昭和四十年七月二十六日、河野の死後十八日目のことであった。著者の緒方は、その席に中曽根がいたと言っている。

「中曽根康弘は腕組みしたまま天井をみつめ私のほうを見ませんでした」

たまたま利用されたのか渦中にいたのか、その役割は定かではない。

この〝事実〟を公表された中曽根は押し寄せる記者たちの詰問にたいして「緒方という

人に会った記憶はない。児玉さんの家に行ったことはある。児玉さんに頼まれて電発の補償のことを調べたことは記憶している。しかし、電発側の話では、緒方という人はあまりタチの良くない人ということだった。また、この問題に深入りすると傷つく、やめろと忠告する人もあり、私はすぐ手を引いた」(三田和夫著『黒幕、政商たち』文華新書)と語っている。「会ったことはない」と断言せず、「会った記憶がない」と申し開きしたのである。

三田和夫にたいして緒方は、「この本は私の見聞した事実の記録だ。政治の裏側にふれてみて、これが新生日本の現実とあっては海軍特攻の仲間たちの死も、それこそ犬死にだと感じた」と述べている。

慶応大で政治学を学んだ著者の緒方は海軍の予備学生でもあった。対して「天井をみつめていた」中曽根康弘も、かねがね日本の将来についての思いを弁舌に託す海軍出身者である。この坐った位置のちがいはどうしたことだろうか。余談ながら、緒方が書いた著書がその後絶版になったという噂《うわさ》があるのも奇怪なことだ。河野・児玉人脈につらなっていた経歴は、否応なく、〝白〟か〝黒〟かではすまず、中曽根に〝灰色〟の部分をつけ加えている。

スマートさと清廉潔白に憧れる中曽根が、なぜ河野・児玉に近づいて行ったのだろうか。その過程をさぐるには、やはり生い立ちからたどって行くしかない。

2　静高人脈――あの東郷民安《とうごうたみやす》との青春時代

〝田舎者《いなか》〟のコンプレックス

中曽根康弘は、ご存知のごとく、群馬県高崎市の材木商の次男である。父親の松五郎は十八歳のときに家業を継ぎ、以後は結婚したあとも子どもの教育は妻のゆくに委《まか》せっきりで、仕事一途に生きて、財を成した。

中曽根はのちになって、この母親ゆくにたいする思慕の念を情感こめて書きつづっている。残っている写真を見ても、たしかに美しい婦人だ。群馬県安中《あんなか》の出身で、幼いころから日曜学校に通い、前橋市内のミッション系の女学校を卒業していた。安中は同志社の創立者である新島襄《にいじまじょう》の出身地なので、早くからキリスト教が盛んな土地でもあった。

「わたしの記憶にある母は、着物の袖にしっかりとたすきをかけ、前かけをきりっと締めて、こまごまと働いている姿である。小太りだが、中背の、いつもほほ笑みを絶やしたことのない母は、家の者たちに采配《さいはい》をふるいながら、きびきびと働いており、実にさわやかな印象を与えていた。息子の口からいうのもはばかられるが、母は美しい人であった。記憶は歳月とともに浄化されるというが、公平に見てそうであったと思う。わたしは、この母が自慢であった。この母が決して、しわをたくわえた老婆などにならぬようにと、子供心に秘かに願いさえしたのである」

と中曽根は、昭和四十三年二月、月刊誌『婦人生活』に書いている。そのときかれはすでに五十歳。第二次佐藤改造内閣で運輸相に就任したころの筆であることを考えると、中曽根の母についての思慕の深さがじゅうぶんにわかる。中曽根家には二十人から三十人におよぶ店員が、住み込みで働いていたといわれる。ゆくはかれらの食事から身のまわりのこと、時折りの小遣いにまで眼をくばって、てきぱきと働いた。中曽根は、まさに、ぼんぼんといってよい。ゆくは中曽根が東大に在学しているときに病死。そのときのかれの嘆きは、ひとかたならぬものがあった。

幼時について書かれたものは数少ないが、とりわけ興味をおぼえるのは、父親・松五郎について語った言葉である。これは昭和四十四年七月に父親が死亡したあと十月に録音されている。

「わたしは高崎中学を出て静岡高等学校に入り、それから東大法学部へ進んだのですが、旧制の高校生や大学生になったころは、高等教育を受けていない田舎おやじの父を、同級生の前に出すのが非常に恥かしくてなりませんでした。自分の恥を申し上げるようでありますが、できるだけそれらの同級生たちに父が会う機会をつくらないようにしたこともあります。（中略）しかし、わたしが年をとり、政治家になり、人さまのお情で公の人として国民の代表をつとめさせていただくようになってみて、わたしははじめて父の人間の深さについて思いをいたしました。やはり五十年、六十年の苦労を独立独歩でやってきた人間には、それだけの深みと人間の尊厳性がそなわっているようです。（中略）わたしは政治家になって、はじめてそのことを知り、人さまの前に父を出したがらなかった自分を反省し、後悔いたしました」

という。かれは東大を卒業するときも、式に出て息子の晴れ姿をひと目見たいという父親の頼みを断わっている。松五郎は身辺を飾らないひとであった。「東京に出てくる時にも、田舎風の安っぽい帽子によれよれのワイシャツを気にすることもなく、ひょうひょうと歩いてくる」ような男である。そういう父親を友だちに見せたくないという意識は、私どもの青春時代にはよくあることだが、しかし中曽根康弘の場合はどうも持って生まれた〝ぼんぼんの見栄〟というのか、恰好《かっこう》づけを感じてしまう。

かれは「材木商の息子」「群馬の田舎者」であることを必要以上に気にし、コンプレックスを持っていたと思われる。

昭和十年四月、旧制静岡高校入学。一年は文科甲類。二年のときは文科丙類。十三回生。この静岡での三年間に、静高人脈ができあがった。

「中曽根は陸上競技部に入っていたね。当時は部活動もまことにお粗末で、記録的なものはなにもない。中曽根は同級生の東郷民安（のち殖産住宅KK会長）と砲丸投げをよく一緒にやっておったな。ひょろっと背の高い中曽根と小柄ででっぷりした東郷はまるで凸凹コンビで仲がよかった。陸上競技部のOB会は〝青葉会〟といって、毎年会合を開くが、中曽根はほとんど顔を出さない。この会だけでなく海軍経理学校の同期の〝土曜会〟にも出てくることはめったにない。鳩山《はとやま》（威一郎・参議院議員）も大村（襄治《じょうじ》・衆議院議員）も、死んだ早川（崇《たかし》・元衆議院議員）もよく来ていたのにね。中曽根がいつも出てくるのは静高の同窓生でつくった中曽根康弘後援会の〝仰秀会《ぎょうしゅうかい》〟だけだね」

と一年先輩の寺嶋覚（現・東京クレジットサービス社長）は言っている。寺嶋は静高、東大法学部、海軍経理学校と中曽根と同じ道を歩み、戦後は東京銀行の常務までつとめた人物である。ほかにそっくり同じコースを歩いた友人には、盛岡在住の佐藤庄兵衛（久保庄書店社長）もいる。この〝仰秀人脈〟も、のちに脱税と献金がらみで中曽根との関係をとやかく言われた東郷民安の名が出てくると、がぜん重い意味を持ってくる。

旧制高校の三年間の寮生活はまさに青春を謳歌《おうか》した時代だったようだ。入学者の半数近くが東京出身者で入学試験もなかなか難しい。寄宿寮は五棟（収容数二百数名）あったが、中曽根が入学した年が開寮十周年記念にあたっていて、寮名を募集した結果「仰秀寮」と決まっている。むろんこれは秀峰富士を仰ぐという意がこめられている。いまも中曽根が好んで箱根に遊んだり、富士山を描いたりするのはこの時代への郷愁があるためだ

ろう。六十周年を記念して編集された『青春奏《かな》へし』という文集のなかに、中曽根は、

「そのころ私は炊事部長や寮史編纂委員長などをやったが、その故をもって女学校や女子師範の炊事場を覗きに行ったり、大先輩の歴代寮の委員長を訪問したり、だいぶ役得の恩恵にあずかった。寮では、主食以外の果物や菓子を食べる時は伝票に品名、名前を記載して、無人販売をやったがだいたい狂いはなかった」

と書いている。

寺嶋が言うように陸上競技でさしたる記録も残していない。友人たちは、「どんな試験にも失敗を知らぬ秀才」「悠々たる勉強ぶり」「みごとな炊事部長の手腕」「古今の史論を読破して史観を確立したのちに寮史編纂に取り組んだ」と褒めそやしているが、実際には〝努力家〟だったといったほうが当たっているらしい。

無器用な人間の気負い

同級生たちに会っているうちに、私は、ちょっとめずらしい資料を手に入れた。それは当時の陸上競技部の会誌『扶揺』（ガリ版刷り）に載せられている、若き日の中曽根総理の、肩の力を抜いた素直な文章である。紹介される機会はほとんどないと思われるので失礼ながら、原文のまま、掲載させていただく。

所感

文一甲　中曽根康弘

今十日の二時限オーシコルヌ先生の時間に書いてゐます。彼氏相変らず愛嬌のある微笑を浮べて僕の方を向いて一生懸命講義してゐますので少しテレ気味ですが敢て書きます。丈は五尺六寸位、体重は十六貫五百位です。何の因果かしりませんが中学二年頃から飴の様にヒョロヒョロと伸びてしまいました。伸びた事は伸びたのですが生来非常に無器用な人間です。中学時代は体操は常に乙、運動会、其他で未だ賞は貰った事がないといふ至ってスロー・モーな生れつきでした。僕が今度入つた動機といへば陸上競技の和と、不器用な体を器用にしようとする事が主なことかもしれません。とにかく一生懸命にやらうと思ひますからよろしくたのみます。

「不器用な人間」というのはほんとうなのだろう。運動に関して不器用ということだけでなく、すべてに不器用なところがあり、その意識と資質はいまも消えることなく、器用に動こうとするところに無理が生じたり、キザな動作になってあらわれるのかもしれない。真面目な〝群馬の田舎者〟といった感じだろうか。二年生になったときも同誌に〝漫筆〟というのを載せている。

合宿に屁、これは付きものらしい。夜の体操が終つてこそこそとふとんへもぐり込むときつと誰かが一発やる。併しどんな時でも必ず前触れするから人間と云ふ動物は不思議なものだ！　別に前触れしたからとて臭さが減ずるわけでもないのに。所で一発出たら占めたもんだ、後は金魚のウンコみたいに続く。蔣介石氏が南京へ帰つた時もあれ程は支那人も爆竹を鳴らさなかつたさうな。併しそんな真黄色な空気を一杯吸つても皆カラカラ笑ふから屁なんて奴は屁でもないのかもしれない。

……いかにも高校生らしい。くだけていて、おもしろい。

このころから俳句もひねっている。『寝過し』と題して、

戸を引くとさっと目を射る茶のみどり

とある。静岡らしい風景だ。素直で素朴でいささかのてらいもない。上手下手はどうでもいい、ここには青春の〝体臭〟やら〝味〟がにじみ出ている。ところが三年生になると、最上級生としての〝背伸び〟であろうか、中勘助《なかかんすけ》の詩を掲げたのち、つぎのような文章となる。

（前略）恐らくは入ってそこで始めて自己の孤影に目覚めて部に対する心的態度を定め始めるのだらうと思ひます。この点に已《すで》に高校の部の特性が描き出されてゐると云へませ

う。僕の場合にも明かに然りと云へます。初期の固い偶像に余りにも執着を感じてゐた私が部へ入つたのは一年の一月からと思ひます。之は小さな井の中の蛙が自己の吐く息に倦きて碧空を流れる白雲を見つめた時自由の理念に憧れて井の中から這ひ出た姿と云ひ得ませう。いやそれとても自己の定めた一筋路に要素を加へて複雑にしたにすぎなかつたのです。個人主義幾分の嫌悪を感じ乍らも、私はこの名を呼ばざるを得ません。見付けた当時は嬉しかつた。しかし嫌になつて来た。が離れれば我が身は沈んでしまふ。ただ一本の藁だつたのです。高校生活――個人主義、恐らく人生のルネサンスには必然的な帰趨でありませう。一切は自己の人格的完全性追究から発します。而もそれは初期は知的に、中期は情的に要素を含めて発展して行った様に思へます。（中略）個々を否定して全体へ止揚するか。普遍的形式を認容し、更にこれを否定して個々へ戻るか。三年の始めは前者の絶対弁証法的な考へで解決しておきました。が此の文を見れば必ずや諸君は後者に傾いてゐるを発見するでせう。併しこの考へも国家を構成せる国民たるを自覚する時には幾分ぐらつかざるを得ません。僕の所謂出発点の瞬間的、人格的完全性追究、しかもそれが即自的に全体と調和するもの、様相は大体お判りの事でせう。（後略）

……どうもよくわからない。文章はますます難解となりえんえんとつづいている。青春の一時期にはわざと難しく書きたがるものだが、〝気負い〟はやはりよろしくない。自分にはわかっても、他人には理解できなくなる。いまの中曽根総理の行動にも同じことが言えるのではないか。

いっぽうで中曽根は寮歌を作詞しているのだからおもしろい。

嗚呼悠々の大宇宙
無限の歩み刻むとき
貴き我等の先人が
湧きたつ血汐と熱涙の
幾星霜の辛酸や
栄光《さかえ》に映ゆる自治の丘

……と一番に歌う。二番の歌詞も三番の歌詞もなかなかうまいものである。躰《からだ》の動きは不器用、性格は真面目、それでいて大向こうをうならせることは好きな天性のアジテータといえるかもしれない。

後援会長は〝三越事件〟の小山五郎

後援会の仰秀会は昭和四十三年八月に発足した。「応援してやらなきゃ可哀相じゃないか」という感じであったという。静高ＯＢの会員数はおよそ六百人。講談社名誉会長の野間省一を名誉会長として、会長は〝三越・岡田事件〟のときにも再建を策したことで知られる三井の小山五郎（三井銀行相談役、東京商工会議所副会頭、経団連常任理事）である。会員の名簿をぱらぱらと、めくってみただけで、

岡崎忠（太陽神戸銀行相談役）、天野武一（弁護士・元最高裁判事）
斎藤寿夫（静岡県知事・元衆参議院議員）、宮沢次郎（トッパンムーア社長・元凸版印刷常務）
曽根嘉年（三菱自動車工業相談役）、柏村信男（警察育英会理事長・元警察庁長官）
山崎貞一（ＴＤＫ＝東京電気化学工業ＫＫ相談役）、徳久克巳（生長の家理事長）
国井真（日本アルコール販売社長・元防衛庁装備局長）、渡辺文夫（東京海上火災社長）
村尾次郎（大倉精神文化研究所理事）、猪名川治郎（ラヂオプレス理事長・元駐ヴァチカン大使）
館野万吉（日本製鋼所社長）、鈴木俊一（原子力環境センター理事長・元日本原子力発電社長）
東郷民安（殖産住宅相談役）、内田宏（駐フランス大使）
久保田正英（中小企業情報センター理事長）、岐部勇治（政策科学研究所事務局長）
森本修（農林中央金庫理事長・元水産庁長官・元食糧庁長官）、持田信夫（持田製薬社

長）
大石巌（新日本証券社長）、草野操（日産化学工業社長）
河合英一（阿波銀行頭取）、柏木大安（天理教東中央大教会会長）
宮崎八百一郎（新日本製鉄副社長）、蒲谷友芳（日本自転車振興会会長）
佐藤彰（博報堂取締役）、渡辺健三（北越銀行頭取）
道正邦彦（雇用促進事業団理事長・元内閣官房副長官）、西尾知（丸紅専務）
山崎喜暉（博報堂取締役、ラジオテレビ局長）、原田昇左右《しょうぞう》（衆議院議員）
天谷《あまや》直弘（通産省顧問）、大坪健一郎（衆議院議員）
笠原幸雄（日本鉱業副社長）、村尾賢治（日本中央競馬会顧問）
加藤博久（読売新聞政治部次長）、渡辺文雄（俳優）

……など、そうそうたる人たちの氏名が眼につく。応援した結果、ついに中曽根総理が実現したときには、一同、「静高の名誉」というので大喜びであった。就任直後の十二月八日、東京・マツヤサロンの仰秀会総会に顔を出した中曽根は、

はるけくも来つるものかな萩の原

という句を披露して、万雷の拍手を浴びている。

機関誌「仰秀」（第二十五号）には野間省一名誉会長の祝辞から始まって、会員たちの中曽根康弘賞讃の言葉があふれ、大はしゃぎといった感じだ。

「旧制五高出身の戦後の総理としては、池田、佐藤の両総理がいた。また旧制一高出身の総理としては、吉田、岸、福田の三総理がいた。五高と一高をくらべると日本の将来にとっては吉田総理の場合を除きどうも五高の方が前向きの大きな意味をもったように思われる。何れにせよ戦後日本の総理大臣の出身高校が旧制五高と旧制一高とに限られていることは十分に興味深い事実である。(中略) 旧制静高出身の中曽根総理の誕生はナンバー・スクールでなかった旧制高校出身のはじめての総理であるという点での新鮮さが目立つ。他の旧制高校出身者の政治に関心ある者にとってもきわめてフレッシュな印象を与える政権の誕生である。(中略) 戦後、日本政治史の中で中曽根総理ほど知性的な総理がこれまでありえたであろうか」

以上は会員の一人・関寛治《せきひろはる》(東大教授)の文だが、会員のほとんどの気持は、ここに集約されているといっていいだろう。

不器用な〝友情〟が生んだスキャンダル

ただし、この仰秀人脈のあいだにも、タブーといってもよい〝困った事件〟がある。いわゆる殖産住宅元会長・東郷民安の脱税事件にからむ中曽根献金問題がそれである。

グラウンドの凸凹コンビは、三十余年を経たのち互いに政財界のグラウンドで現金の砲丸を投げ合ったようだ。いわゆる殖産住宅事件で東郷は一審無罪(昭和五十二年三月)、二審有罪（昭和五十五年七月）となって現在もなお最高裁で係争中である。ことのおこりは昭和四十七年十月の殖産住宅の株公開、新規上場にあった。昭和四十七年といえば、ときあたかも長期政権の佐藤内閣が終末の症状をみせ、ポスト佐藤を田中角栄と福田赳夫《たけお》が争った年である。結果的には去就を注目された中曽根派が田中について七月に田中政権が誕生したが、総裁選を前にして中曽根自身が立候補を考えていたときであった。盟友の東郷からいちはやく株公開の情報を聞いて、中曽根は自分にも数億円の株を分けてくれないか、と頼んだ。

「私が脱税容疑で逮捕されたときの取調べでは、中曽根君がそのとき株を分けてくれと言ったのはつくりばなしで、株の売買で儲《もう》けた金を私個人の懐に入ったものだとされました。私が真実を喋ることは中曽根君のためにならないだろうと思って苦しみ、それを認めたからです。しかし一審では正直に、私が取得したことになっている金の一部は中曽根のところへまわったのだと述べた。一連の株売買は会社のためにやったことだというのが認められて私は無罪になりました」

と東郷民安は、週刊誌記者（『週刊ポスト』昭和五十七年十二月七日号）のインタビューに答えている。それによると、中曽根のほうも、なにがなんでも欲しいと眼を血走らせた態度ではなかったという。場所は赤坂の料亭「一条」。

「かれはもともと他の政治家にくらべたら金集めは下手だし、あくどくもない。それでい

て身辺がきれいだと思われるほどの要領のよさもない」（東郷民安の言葉）

　会合で会って、「上場するんだってねえ。どうだ。おれにもすこし分けてくれよ」「政治資金というのはこういうときにつくらせてもらうものでねえ」などと中曽根は言った。そこは旧制静高時代からの親友である。東郷は上場の際に新規株の売買でできた十三億円余の金のうち、名前を利用させてもらった企業への礼金や税金を払ったのち、残った五億円を中曽根に提供しようとした。中曽根は、「いや、すまんなあ」と喜んだという。東郷によると、その五億円はいったん中曽根の秘書の名義口座に振り込んだが、迷惑がかかっては申しわけないと考えて殖産住宅に引きあげて同社の簿外資金としていたという。

「かれは保守傍流にいて資金が乏しいのに金策に出かけたりしない。金集めが下手なんです。道路や飛行場をつくって、いくらか儲けるために動こうというような、そういう政治家のタイプでは絶対にない。群馬県の地元利権などというものも、まったくない。それがかれのいいところであり、また考えようによっては弱いところではないか」

　と東郷は言っている。中曽根側は、株を分けてくれと頼んだことはない、金の振り込みについては秘書が名義を貸しただけで中曽根本人はあずかり知らぬことだと、全面否認して今日にいたっている。〝白〟い清潔な政治家という立場からは、そう言明せざるを得ないだろう。この事件は、金集めの下手な中曽根を見るに見かねた親友の不器用な、友情の行為だったろうか。

「まったく不器用なもの同士の凸凹コンビのスキャンダルです。中曽根君は努力家。旧制高校時代も、中曽根君はとりわけの秀才でもなければ、かといって鈍才でもない。炊事部長としてこまごま動いていた。要領が悪いんです」

と、旧制静高OBの一人は言っている。

東郷民安は、「いつの日か、〝総理になれてよかったな〟〝おまえにも苦労させたよ〟と互いにゆっくり語り合えるときがくることを信じている。それを思えばこの十年間の苦労などなんでもない」ともらしている。政治のグラウンドでは、のんびり砲丸投げをたのしんでいるようなわけにはいかない。白いものも汚れる。汚れなければまた、権力は転がり込んでこないところがある。青春の人脈も、ただではすまないのである。

ところで、旧制静高の出身者の会には、財界産業人を集めた「静陵会」というのがある。こちらも名簿を覗《のぞ》かせてもらうと、

住本利男（毎日新聞社社友）、神谷尚男（弁護士・元検事総長）

重光晶《あきら》（日本電信電話公社特別参与・元ソビエト大使）、横山能久（日産自動車副社長）

青山俊（西武流通グループ相談役・元大蔵省銀行局長）、浅羽満夫（駐タンザニア大使）

佐々木敏（日本商工会議所専務理事）、水野渡（東京電力副社長）

天羽民雄（駐ユーゴスラビア大使）、若杉和夫（特許庁長官）

といったような知名の士が並んでいた。中曽根後援会の「仰秀会」の会員になっている

人も多いが、たとえば以上の人たちは「仰秀会」の会員ではない。政治に近づかずというこことなのか、それとも中曽根を好きでない、ということなのであろうか。

ちなみに旧制静高出身の議員は、中曽根のほかに衆議院では、足立篤郎《あだちとくろう》（自）、森山欽司《きんじ》（自）、原田昇左右（自）、河上民雄（社）、正森成二《まさもりせいじ》（共）がおり、参議院では、大坪健一郎（自）、竹田四郎（社）がいる。総理にまでのぼりつめる可能性を持っていたのは中曽根康弘だけといってよく、OBたちが〝ナンバー・スクールにあらざる誇りと栄誉〟に酔うのも当然だろう。

3 海軍人脈――シャンソン好きの鬼中尉

女性にモテた青年士官

かねがね私は、中曽根康弘が〝青年将校〟といわれるたびに、それはちがうのではないか、〝青年士官〟なのではないかと思っていた。真面目な〝群馬の田舎者〟だった中曽根の〝本性〟と〝本分〟は、どうも海軍で仕込まれたふしがある。

昭和十三年四月、東京帝国大学（法学部政治学科）入学。高文に合格したあと卒業して昭和十六年四月に内務省に入省。一週間後には二年現役の海軍主計士官を志願して築地にあった海軍経理学校に入った。正確には「海軍主計短期現役第六期補修学生」という。兵役のがれの意味もあったが、当時の東大卒や東京商大卒（現・一橋大）、有名私大の卒業生たちの多くが、この〝短現〟（短期現役）を志願して海軍経理学校に入学し、海軍士官・となったものだ。終戦後はこれらの人物が実業界や政界に散って、いまでは、〝知られざる短現人脈〟〝知られざる海軍経理学校人脈〟をつくりあげている。

「背の高い中曽根はさっそうとしていた。眉目《びもく》秀麗な青年士官で、女子挺身隊の女の子たちにもよくもてた」

と、当時のかれを知る友人たちは言う。短現補修学生は海軍経理学校に入学するとすぐに海軍主計中尉に任官され、四カ月の速成訓練ののち、八月には卒業してただちに任地に赴く。中曽根は重巡「青葉」に乗り組んで土佐沖で夜戦の訓練につきあったのち、呉《くれ》軍港に入る。その後は呉鎮守府の海軍設営隊第二設営班に着任。大学を卒業したばかりの年齢だが、いまの金額にすると数十億円の軍票を委託され、三千人の徴用工を組織して、〝南方飛行場基地〟の占拠に必要な糧食、資材、弾薬、ガソリン、爆弾などを調達して四隻の輸送船に分載した。

「私は文字どおり『寝食を忘れて』働いた。生まれてはじめての大任に燃えていたのである。当時、呉の（海軍）建築部には大勢の女子勤務員がいた。出港準備に東奔西走する私は、彼女たちに好印象を与えていたらしい。後にインドシナに転戦したとき、はじめて慰問袋をもらったが、この中に、呉の女子勤務員やタイピスト、事務職員の慰問品がたくさん入っていた。そのなかには、淡い恋情が綿々と綴られたラブレターも数通含まれていた」

と中曽根は「私の海軍グラフィティ」（上杉公仁編『中曽根康弘・海軍グラフィティ』収録・知道出版刊）のなかで書いている。

いよいよ出港（十一月二十九日夜）したときは精も根も尽き果てていた。

「〝おれは最善をつくしたんだ〟不意に目頭が熱くなり、涙が溢れた。それは感傷の涙ではなかった。ある事柄に全力をつくし、それを完遂した者だけが流すことを許される法悦の涙だった」

とあるのも、真面目でどこか単純な中曽根らしい。純情、感激屋、自分が自分を褒めたたえるような資質がどこかにある。

三千人の大部隊をどのように動かそうかと考えて、前科者を集めることを思いついたのもこのときであったという。前科八犯の男を士官室に連れて行き、「おれは群馬県は上州の生まれで、国定忠治の流れをくんでいる。しかし、大学を出たばかりで軍隊のことは何も知らん。おまえを男と見込んでの頼みだ。おれの子分になってくれないか」と率直に頼んだ。Yという男は感激してサカズキを交わし、仁義をきったという。状況と大勢を見て、その中核となる男を情でゆすぶって、わが薬籠《やくろう》中のものとする……これは若いころからの中曽根の才能と思われる。

パラオからフィリピンのダバオへ。設営隊として働きながら、さらに、バリックパパンへ。ここでは敵の駆逐艦に襲われ、Yたち数名が戦死した。昭和十七年三月には台湾の馬《ま》公《こう》海軍建築部付となり十一月に海軍主計大尉に進級。馬公に着任した歓迎の宴の席上、この「非常にハンサムな二十四歳の若々しい士官」は、

「海軍にとられたばかりに、総理大臣になりそこねてしまいました」

と、冗談とも本気ともつかぬ挨拶を口にして、先輩士官たちを呆然《ぼうぜん》とさせている。どうも、カッコいい。

「着任早々、甲板士官を買って出た中曽根主計中尉は綱紀粛正にとり組んだ。彼の意気ごみはすさまじく、その仕事ぶりから『鬼中尉』の異名をとったほどだ。仕事上、私は彼の決裁を仰ぐことが多かった。彼は私の顔を見るたびに『海軍会計法規』について質問を浴びせた。私が答に窮していると、『今度、おれのところへ来るまでに勉強してこい！』と、カミナリが落ちた。『海軍会計法規』は全二十七巻にのぼる大冊である。そのなかから正確な回答を探しだすため、徹夜で勉強したことも何度かあった」

と、当時部下であった板東芳雄は前書（『海軍グラフィティ』）のなかに書いている。綱紀粛正と法規暗記の威厳とでもいおうか。生来、真面目で、つねに使命感に燃えている。

記憶力は抜群であった。ときには兵舎からさほど遠くない農園に行き、粗末な小屋で、座禅していたという。「これを読むといい」と三百ページはあろうかという禅の書を部下に手渡すこともある。戦時下だったが、夜の道を歩きながら部下にシャンソン『枯葉』を歌って聞かせるときもあった。

「日ごろ無口なので、喋るのは得意でないと思っていたのだが、演説はすばらしく上手だった。講演会があると、内地から来ていた女子挺身隊員などは争って聴きに行った」

と元部下の一人は言っている。

良くも悪くも〝海軍総理〟

昭和十八年四月、馬公から高雄《たかお》の海軍建築部付となり八月には高雄海軍施設部部員。ついで高雄警備府軍法会議判士を経て、昭和十九年十一月に横須賀鎮守府付派遣勤務、海軍兵備局三課に移る。昭和二十年三月、海軍省軍務局。六月、呉海軍運輸部部員として、高松で働いているときに終戦となった。直後に主計少佐に進級。海軍士官となってからざっと四年間。このはじめての〝実社会〟の体験が中曽根に与えた影響ははかり知れないものがある。

この間にかれは日本女子大（国文科）を卒業した美人の小林蔦子《つたこ》と結婚した。小林蔦子は、高雄の海軍施設部で隣りに机を並べていた小林義治中尉（現・サンケイ新聞社相談役）の妹であった。小林中尉もまた東京商大を卒業して海軍経理学校（短現第九期）の教育を昭和十八年に終えてきた後輩である。父親は学者の故小林儀一郎。一説には、「手紙を預かって小林家を訪れたとき蔦子さんのお母さんに見込まれた」ともいう。中曽根も服の内ポケットに蔦子夫人の写真を秘めて働き、ときにはそっと部下に見せたというから、まず「灯火管制下の相思相愛」といってよかろう。結婚式は戦時下の昭和二十年二月十一日、中曽根の郷里にある高崎神社で挙げている。蔦子夫人も夫がまさか総理大臣になるとは思わなかったろう。あくまで海軍士官を夫とする覚悟の結婚であった。

竜眼《りゅうがん》の花　咲き匂ふ
その頃なりし　故郷《ふるさと》を
離れて憂ひ　喜びを
共に頒ちて、南《みんなみ》の
美しの森に　集ひしは

……これは中曽根海軍主計大尉が作詞・作曲した女子挺身隊員（高雄）の寮歌（静和寮）の一節である。これまたうまいものだ。なんと、このひとは寮歌や校歌が好きなのだろうと思ってしまう。のちには憲法改正の歌まで作ったが、集団の士気を鼓舞したり、集団を泣かせることが好きで得意なのにちがいない。いまに「国民総進軍の歌」が発表されるのではないかという危惧《きぐ》がある。

「中曽根さんの政治行動を見ていると、いつもどこかに旧海軍の気質を感じる。たとえば旧海軍で士官たちのモットーは、〝スマートで眼先がきいて几帳面《きちょうめん》、負けじ魂、これぞ船乗り〟というものだった。スマートで、眼先がきいて、などというのは中曽根さんそのものだ」

と言う元海軍士官は多い。私も、そう思う。海軍は中曽根康弘の体質に合っていたのである。初の組閣の朝、かれは、自宅を出るときに記者団にたいして、

「風に向かって立つという心境です」

と、もらした。このとき若い記者たちは「難局に立ち向かう」という単純な意味に受け取ったようだが、これを聞いた旧海軍の出身者たちのなかには、〝おお、海軍総理の出航だ〟と喜んだひとも多かった。「風に向かって立つ」とは「荒天のときは風に向かえ。それが操艦の要諦《ようてい》である」という旧海軍独特の言葉であり、転じて敢然と立ち向かう海軍士官のモットーとなっていたという。このことは前書のなかで多田実《みのる》（元海軍中尉。元読売新聞監査委員長。現政治評論家）が述べている。

多田によると、海軍の主戦場は海と空であって、この大自然の変化にどのように対応するかが重大問題だ。そのため気象条件の変化に最大の神経を遣い、海と空、風と波、昼と夜と刻々気を配らなければならない。気象条件をきちんとつかみ、風向きに応じた態勢を

とり、一気に戦機に投じる。〝風見鶏〟でよろしいのだ。基本姿勢さえしっかりしていれば、条件の変化に適切柔軟に対応する政治のほうが硬直した政治よりいい。海軍のモットーと符合しているという。

なるほど、〝海軍総理〟の出現である。

連合艦隊司令長官のおもむきもある。しきりに外国語に強いところを見せようとするあたりも海軍出身らしい。しかし山本五十六《いそろく》などとちがって、ポーカーやギャンブルはやらず、秘めたる女がありそうでもなく、真面目で身持ちはかたい。ひたすら前進あるのみという姿勢は、いまなお青年士官をほうふつとさせる。世界の首脳が集まるサミットで軍艦マーチに迎えられたのは、まことにふさわしい光景であった。

戦前には山本権兵衛から鈴木貫太郎にいたるまで六人の海軍出身の総理大臣がいるが、中曽根康弘は戦後はじめての〝海軍総理〟といえるだろう。近ごろ、「海軍は泥にまみれることは嫌い、スマートさと机上論にとらわれて、有能な行政家がいなかった。そのため陸軍のごり押しに敗けた」とよく言われる。中曽根〝海軍総理〟にそういう弱味はないだろうか。

多士済々の〝短現人脈〟

さきに触れたとおり、海軍経理学校出身者の人脈は膨大な日本の地下水脈であり、同期生の会をそれぞれ持っている。たどって行くと限りがない。中曽根と同期の〝主計短現第六期〟(土曜会)を見ただけでも多士済々《き》である。
入校百八名。戦死二十二名。健在者は七十名。
上野公夫(慶大・中外製薬社長)、臼井秀吉(東京商大・元東北電力副社長・東北電気工事社長)
岡田健一(東大・元日銀理事・日本証券金融社長)、大慈弥《おおじみ》嘉久(東大・アラビア石油社長)、
大村襄治(東大・衆議院議員・前防衛庁長官)、岡村治信(東北大・東京高裁判事)
小林誠一(東大・水産資源開発総裁)、内海倫《うつみひとし》(東大・内政外交政策研究会)
高橋幹夫(東大・元警察庁長官・日本自動車連盟会長)
早川崇(東大・元厚生大臣、元労働大臣、元自治大臣、死亡)
寺嶋覚(東大・東京クレジットサービス社長)
向下重陽(慶大・元三菱銀行副頭取・ダイヤモンドクレジット会長)
湯川宏(東大・元大阪府副知事、衆議院議員)、鳩山威一郎(東大・元外務大臣・参議院議員)
本多丕道《ひろみち》(東大・元警視総監・日本航空顧問)
といったような名が見える。

成績は鳩山威一郎が抜群で、中曽根康弘は残念ながら下位であったようだ。同期生の一人は、「入学のときの成績順に十八人ずつ六班に分けられていた。選抜順位の第一位は鳩山で、かれが学生長をつとめた。以下、上位から第一班、第二班となるわけだが、たとえば寺嶋覚は第二班、大村襄治は第三班、早川崇が第四班、中曽根は第五班であった」と言っている。

〝短現水脈〟をたどると限りがない。第一期から第十二期まで合計三千五百人。

「おう、おまえもタンゲンか」

という近親感は、まぎれもなく地下水脈といってよい独特の情といえるだろう。

第一期には河村勝《かつ》（衆議院議員・民社）、佐藤尚邦（信越化学工業KK副社長）、谷村裕《ひろし》（元大蔵省主計局長、元公正取引委員長、元東京証券取引所理事長、現東京証券計算センター社長）などの名がみえる。以下、第二期からひろわせていただくと、

今村一郎（元日本テレビ編成局長）

風間栄一（風間KK社長。日本レスリングの先駆者的な存在。短現九期の教官）

田部三郎（元新日鉄副社長・現新日鉄常任顧問）、林田悠紀夫（元参議院議員・京都府知事）

堀秀夫（元総理府総務副長官、元ILO日本政府代表、現日本職業協会理事長）

山本重信（元中小企業庁長官、元トヨタ自工副社長、現トヨタ自動車副会長）

など、そうそうたる人物たちがおり、戦後数々の疑獄や汚職を摘発した元最高検検事の故河井信太郎（弁護士）も同期であった。

「よう、元気か」

「おまえも元気か」

と京都府知事とトヨタ自動車副会長が肩をたたき合っていたり、そこに河井信太郎がいたりする光景は、この〝短現人脈〟を知らなければ想像できない。

第三期には、

河合良一（小松製作所社長）、小坂徳三郎（衆議院議員）

第四期には、

澄田智（日銀副総裁）

力石健次郎（元カンボジア大使、元ポーランド大使、元スイス大使、現総理府迎賓館長）

堀田正久（堀田工業会長）など。

第五期には、

浅野賢澄（フジテレビ会長）、渋谷直蔵（衆議院議員）

松野頼三（衆議院議員）

などがいる。松野頼三が海軍経理学校の短現人脈につらなっているとはまことにおもしろい。松野は中曽根にとって「海軍の一期先輩」という言い方もできるのである。

中曽根康弘の後輩にあたる第七期には小沢辰男（衆議院議員）のほか故黒木従達（元東宮侍従）、松岡謙一郎（元日本テレビ副社長、現全国朝日放送副社長）などがおり、若いところでは第八期に、

青山俊（元大蔵省銀行局長、元西武都市開発社長、現西武流通グループ相談役）
赤沢璋一（富士通副会長）
網野誠（網野特許法律事務所代表）、有馬元治《もとはる》（衆議院議員）
安藤良雄（成城大学学長）、柿沼幸一郎（公正取引委員会事務局長）
沢木正男（元インドネシア大使）、中川理一郎（元東北電力副社長、現荒川水力電気会長）
永末英一（衆議院議員）、檜垣《ひがき》徳太郎（参議院議員）
藤井勝志（衆議院議員）、山本博（ＮＨＫ専務理事）
吉国二郎（横浜銀行頭取）、米内剛政（岩手三菱ふそう自動車販売社長）

……などの人物もいる。なかには中曽根に反感を抱いているひともいるだろうが、同じ〝海軍〟の出身という共感は根強い。お互いの選挙のときにはこの海軍人脈がかなりの〝地下水脈〟となるようだ。

第九期には、

今竹義一（元警察庁保安局長、現全日本交通安全協会副会長）、大河原良雄（アメリカ大使）

蒲谷友芳（元防衛庁装備局長、元イラン石油専務、現日本自転車振興会会長）

黒住忠行（元運輸省自動車局長、現運輸総合政策調査会会長）、小関博（群馬銀行頭取）

小林義治（サンケイ新聞相談役）

などがいる。先述したように小林は中曽根康弘の義兄にあたる。偶然のことながら小関博が中曽根の選挙地盤にあたる地方銀行の頭取になっているのも興味深い。

さらに関心をひくのは、この同期生のなかに読売新聞社主の正力亨《しょうりきとおる》（読売興行社長）がいることだろう。巨人軍のオーナーは海軍経理学校の出身者なのである。サンケイ新聞相談役の小林義治と会い、

「どうだい最近のジャイアンツは」

とか、「長島（茂雄）くんはどこへ行くつもりだね」とか、同期生として野球の話をしていてもおかしくない。この第九期には手塚良成（国際観光振興会会長）や三橋信一（不燃建築公社理事長）、山本政弘（衆議院議員）なども いる。

第十期に入ると、

渥美《あつみ》健夫（鹿島建設会長）、石橋幹一郎（ブリヂストンタイヤ会長）

森下泰《たい》（参議院議員）、富田朝彦（宮内庁長官）

山本鎮彦（元警察庁長官、現自動車安全運転センター理事長）、山下元利《がんり》（衆議院議員）など。

土田国保（元警察庁長官、現防衛大学校校長）もこの第十期生であり、変わったところでは作家の小島直記もいる。

第十一期には、

金子三郎（第一火災海上保険副社長）、川口央（好学社代表）

小山八郎（ジョンソン会長）、三井脩（警察庁長官）などがおり、

第十二期には長洲《ながす》一二（神奈川県知事）もいる。

これらの同期生たちはそれぞれに会を持ち、折りにふれて顔を合わせて青春時代を懐かしみ、同時に互いの現況をたしかめ合い、情報も交換する。激動の時期にともに青春を過ごした仲間なので、連帯感はなかなか強い。私自身、ほかのことを取材していて、

「あのひとをご存知なのですか」

「親友だよ」

「いったい、どこで知り合われたのですか」

「ああ、海軍だ。かれも主計中尉なんだよ」

というような対話を交わし、人と人との意外な組み合わせにおどろくことがある。よくも悪くも〝短現人脈〟はいまの日本の政財界に縦横に走って力を持っているとみてよかろ

う。

〝秘密結社・浜田学校〟の優等生

中曽根はかつて、『海軍主計科士官物語』（浴恩出版会・昭和四十三年刊）のなかで、

「私は浜田学校の生徒であります。浜田学校というのは、現代の秘密結社の一つでありま す。浜田学校の校長は元海軍大佐浜田祐生氏であり、生徒は大東亜戦争の間に旧海軍省兵備局二課（のちの軍務局三課）の補佐官であった、二年現役の主計士官で構成されていま す。そのメンバーは教頭格が池田正男主計少佐（御木本パール副社長）、中野秀雄主計少佐（富士製鉄ロサンゼルス所長）、早川崇主計少佐（前労働大臣）、中曽根康弘主計少佐（運輸大臣）、赤沢璋一主計大尉（通産省重工業局次長）、安藤良雄主計大尉（東大経済学部教授）、柿沼幸一郎主計大尉（公正取引委員会事務局長）、網野誠主計大尉（特許庁審判長）、荒居辰雄主計中尉（アジア石油常務）、それに吉国二郎主計大尉（大蔵省主税局長）、力石小弥太主計大尉（東京銀行人事部次長）、井上一郎主計大尉（三菱鉱業総務副部長）等であります。これらの生徒達は、敗戦後も毎年一、二回ずつ浜田大佐を中心に集って当時の海軍の思い出を語り、現在の日本の国策について談論風発するのを楽しみにしている のであります。（後略）」

と書き、〝秘密結社〟と表現したのであちこちから疑惑の眼で眺められた。いったい、

どのような結社なのか。

「あれは中曽根一流のレトリックなんだろうが、真面目に受け取るひともいて、いろいろカンぐられていい迷惑だったよ。要するに、戦後の日本の再建を考えるとき、われわれ若い者はどうしたらいいか、を話し合う勉強会なんでね。政治的な動きをしようとか、思想的なリードをしようとかいうものではまったくない。秘密にすべきことなどないよ。中曽根の案で、浜田学校としたんだ。校長は浜田さん。生徒は十五人。それらのなかから各界の有力者が出たのは浜田さんの訓育と各人の努力によるものだろう」

と、〝教頭格〟の池田正男（短現第二期・現ミキモト監査役、御木本真珠島専務）は言っている。兵備局二課は物資の動員計画を担当する部署で、課長が〝信念の人〟浜田主計大佐であったという。

「早川（崇）はすでに大物の観があったね。途絶しかけていた南方輸送路に、海岸伝いに夜間だけ機帆船を使って、〝ネズミ輸送〟をやろうとか、いろいろな名案を出していた。中曽根は、そうだな、とにかくさっそうとして輝いてはいたが目立つ存在ではなかった。ただし、徴用のがれで海軍省のタイピストなどになって来ていた良家のお嬢さんたちには人気があったね。早川は三高出身者らしいバンカラなところがあった。中曽根は静高仕込みのスマートさに、早川ふうのバンカラを真似てみたりして、機を見るに敏、融通無碍《ゆうずうむげ》というのかねえ。赤レンガ（海軍省）のなかでは鳩山威一郎たちの板についた都会的なスマートさにはおよばなかったからだろうね」

当時の中曽根康弘がさっそうとして輝いていたが目立たなかった、という評はおもしろい。都会的なスマートさはなく、いわば〝田舎者のスマートさ〟だったという感じもわかるような気がする。

浜田学校は終戦後、多くて年に三、四回、少なくても春秋の二回、ずっと会合を開いてきた。休み始めたのは三年前に浜田校長が病いに臥《ふ》して以来であるという。

「むかしは口論したものだが、しだいに懇親会のおもむきになっていた。メンバーはそれぞれ対等で、聞き役にまわったり、話し役になったりする。中曽根の場合はひとの話をとり込むのがうまいんだな。それぞれの立場の者に意見を言わせて、それをとり込み、肉づけして自分のものにしてしまう。言いかえれば、ボタンを押すのがうまい。ボタンを押されたほうが、〝分科会〟にまで発展することがあるわけだね。赤沢璋一とか柿沼幸一郎あたりは熱心だった。代議士としての動き、考え方のなかにはそうした勉強が大いに役立っているだろう」

中曽根が大臣になったあとも、この〝学校〟はつづいた。

「しだいに中曽根あっての浜田学校のようになったが、悪いことではない。やはり時の人が中心になるのは自然だし、まあ、かれ自身つねに中心になりたがるし、陽の当たる場所を欲していることから、そうなってきたんだね。しかし、先生はあくまで浜田さんで、中曽根はその優等生という立場は変わらない。中曽根は礼節を知る男です。師にたいする礼は忘れませんよ」

私は中曽根生徒の政治家としての資質を訊いてみた。〝池田教頭〟は、「中曽根は、つまり、アサヒグラフ的であるな。だれでも気安く手にとることができるし、どこから開いてもよし、見栄もよし、賑《にぎ》やかで話題も豊富。ただし、最初から読み通して、もう一つ残るものが足りない。ま、これからの課題だろうが。少なくともこれまでにない新しいタイプの政治家だ。従来の泥くさい政治家の体質よりはずっと期待できるね。もっとも、死んだ早川崇のほうが政治家としての資質は上だったと思う。泥くささはあったが、政治理念についても、早川のリードを感じたね。早川が一等巡洋艦なら、中曽根は二等巡洋艦というところだな」

と、海軍出身者らしい比喩《ひゆ》で、おもしろいことを言った。これを聞いてアサヒグラフの編集部はどういうだろうか。

べつな言い方をすれば、たぶん中曽根生徒は単純で無邪気で、ひとがいい、のである。「不沈空母」などという言葉も、レトリックではなくて、もともと頭の中にあるイメージであり用語なのだ。

昭和四十九年に浜田学校と「若水会」（兵備局二課の元男女職員の会）が合同で新年会を開いたことがあった。当時通産大臣として石油危機打開のためにテヘランに出張してい

た中曽根は、その会場に律義に電報を打ってきた。その電文に、

「新年に当たり遥かに浜田校長先生以下、諸兄の健康を祈る。荒天ならびに合戦準備。全員配置につけ。テヘランにて。中曽根康弘」

とあったという。荒天にして波高し。やはり、これは、連合艦隊司令長官の台詞《せりふ》である。

五島昇との〝私的〟なつきあい

ところで東大時代からの人脈としては五島昇《ごとうのぼる》（東急電鉄社長）の縁につらなる「青年懇話会」というのがある。五島昇が世話役となり連絡その他の事務は東急の秘書室が引き受けている。藤田忠社長秘書によると、

「東急とは関係なく、五島の私的なつきあいの会合です。初期には年に四回開いていたそうですが、このところ年間に二回くらいです。戦後の食糧難時代に五島が会の兵站《へいたん》担当という役割で渋谷円山町にある古い割烹《かっぽう》料亭に料理を用意した。料亭などという立派なところではなく小さな店なのですが、そこになんとか酒と肴《さかな》をそろえたそうです。当時の初心を忘れずにというので、いまもその店を使うことが多く、つつましく会合しています。早川（崇）先生が亡くなられてからメンバーは十三人ですが、会合は三、四時間もつづき、皆さん、青年の顔になって、たのしげに帰ってゆかれますよ。この会で解放感を味わ

っておられるようです」

と言う。この会には中曽根も欠かさず出席する。五島昇とは東大の同窓であるところから、昇の父・五島慶太が活躍していた戦前から五島家に出入りしていたらしい。いまも五島昇との仲は深く、この青年懇話会の会合のほかにも折りにふれて顔を合わせる。

「中曽根先生からお電話があったりして、ホテルや砂防会館にうかがっているようです。遊びではなくて情報提供という立場だと思います。五島は太平洋経済委員会の国内委員長であり日本ASEANのメンバーでもあります。総理になられたあとASEAN歴訪の前にも民間外交の立場から情報提供していました。五島は仕事をやめたら南の島の酋長《しゅうちょう》になりたいなんて言っているくらいで、東南アジアや南方が体質的に好きなんですね。赤道の匂《にお》いがする風、海が大好きだというロマンチストなんです」

と藤田秘書は言っている。

この会のことについては五島昇自身も新聞（日本経済新聞・昭和五十八年一月五日）に、「あれは終戦直後、まだ復員服で街を歩いていたころだった」と書いている。

当時通産省にいた赤沢璋一（現富士通副会長）から友人を通じて、

「憂国の士を集めた勉強会を開くから参加しないか」

と言ってきた。最初の会場は「東京・新橋のソバ屋の二階」だったという。行ってみると、当時、海軍から元の巣に帰った内務省の中曽根康弘、早川崇、農林省の檜垣徳太郎、厚生省の小沢辰男、外務省の沢木正男、通産省の佐藤尚邦らが集まっていた。いまから考えるとかれらは、前述したように、ほとんど海軍経理学校の同窓生たちであった。それぞれ三十歳前後の同年配。五島だけは陸軍出身だったが、これに参加した。

「戦争で焼け野原になった日本をどう立て直すか。占領軍の対日政策はどうなるか。〝憂国の志士〟たちは日本の将来について夜遅くまで話し合った。中曽根さんは、そのころから雄弁だった。酔うと得意の〝木こりの唄〟を披露、ハチマキをして踊り出しては、みんなを笑わせた」

という。中曽根の最初の選挙には五島昇も高崎まで行って手伝っている。会合はしだいに「中曽根氏を囲む会」といった雰囲気になっていたが、政治理念や政治倫理のうえで、一同から一目置かれていたのは故早川崇だったようだ。五島昇は自分が理事長をつとめていた亜細亜大学の学長を引き受けてもらうべく、早川のもとに日参したことを告白している。

人脈はどこでどのようにつながっているかわからない。さきにあげた人物たちのほか、日銀にいた中川幸次（現野村総合研究所所長）、安部英（帝京大学教授）、高橋幹夫（JAF会長）、中原功（東急ストア社長）、佐竹浩（国民金融公庫）、皆川広宗（三菱商事）などがこの青年懇話会のメンバーである。年老いたいまも「青年」という名称をそのまま残しているところがおもしろいし、それだけにお互いの連帯感は強いものと思われる。

4　青雲人脈――〝屈辱〟の挽回《ばんかい》に駈《か》られる宰相

〝平和〟の文字がきわめて少ない

中曽根康弘が口を開くと、つねに声高となり、感情過多となり、オペラ劇場で朗々と歌う感じになる。かれが政治を志したきっかけや情熱、敗戦の衝撃について調べると、「屈辱」という表現がきわめて大きいポイントになっていることがわかる。

「正直にいって、われわれ戦場で戦ってきたものの気持として、この敗戦は、民族の歴史にとって未曽有の屈辱であった。よく『負けてよかった。負けたおかげで日本は民主的になれた』といわれる。しかし、これはあくまで、あとからこじつけた理くつである。平和になったことはよかった。だが、戦争を起こし、そして敗戦のドン底に蹴落とされ、日本の歴史と民族に対し、大きな屈辱を残したことは、なんといってもわれわれの時代の責任である。こうなった上は、一日も早く国力を回復し、ふたたび祖国を世界の一等国に立て直して、屈辱の挽回を計らねばならない」(『我ら大正っ子』徳間書店刊)

この屈辱の意味を私は幾度も考えてみた。たしかに、敗戦は口惜しかった。私なども正直に言って、ちきしょう、ヤンキーのやつ、殺してやる、と子どもごころに思った。だが、同時に、戦争とはいったい何であったのか、平和とは何であるのか、絶望的な気持のなかで深く考えさせられた。戦争と平和という大テーマのなかで、民族とか国家というものを考えた。それが残念な戦争体験をせめて、禍い転じて福となす唯一の方法だろうと思った。

それは、口惜しいじゃないか、一等国になって早くやつらを見返してやろう、民族の恥辱だ、屈辱の挽回だ、ということにはならない。それではあまりに子どもっぽい。ふしぎなことに終戦前後のことを中曽根総理が書いたり喋ったりしたなかに、「平和」という単語はほとんどない。これは一つの発見だろう。「平和のよろこび」という表現もほとんどない。演説家なのにどうしたことだろうか。さらに現在までの著作や講演のなかにも、「平和」という単語はなかなか見当たらない。私は慄然《りつぜん》とする。ひょっとすると中曽根総理の頭の中には、勝利と屈辱という対立概念はあっても、戦争と平和という対立テーマはないのではないか。

高雄の海軍施設部にいたとき、かれは朝礼の訓示で禅のことに触れて、

「禅坊主は自ら抵抗をつくり、それに自らぶつかっていくものだ」

と演説したという。かれの人生そのものがつねに挑戦であり戦いであり、息をもつかせない。大努力家で、いつも使命感に駈られている。いわば、モーレツ総理である。

暮れてなお命のかぎり蟬しぐれ

これは、富士ばら句会（旧静高同窓生の会）に投句したなかで本人も気に入っている句であるという。

「時間を無駄にしない人なんです。〝限りある命ならば命ある限り踊れ〟という主義で、自分の与えられた人生を二倍三倍に生きようと思ってるから、二十四時間のうち、十八時間くらいビッチリ。性格なんですねえ」（『文藝春秋』・昭和五十八年五月号）

と、蔦子夫人も最近おこなわれた座談会のなかでもらしている。

なかなかのせっかちであるらしい。ムダな時間を過ごすことを最も嫌う。「ムダは嫌いです」と中曽根自身も発言している。合理的で論理的なものの考え方は悪いことではない。しかし、すべてを明快に割り切って、曖昧なものを切り捨て、ゴミやムダを冷酷に排除して行こうとするかれの姿は、見る者に不安と恐怖を感じさせる。私どもをどこへ連れて行こうとするのか。〝歴史的役割〟というのも、中曽根の口癖である。時の流れのなかで自分はいま何をなすべきか、どのような役割を与えられているのか。こういう考え方はまことに大切だが、中曽根康弘の場合は、つねに革新のときということになる。〝風見鶏〟どころか、刻々と変化する情勢はかれにとってつねに危難のときであり、立ち向かうときである。

「戦後××年、いまや重大な、歴史の転換点に立っている」

「いまほど危機の時代はなかった」

という枕言葉が、これまでの戦後の演説にはかならずつく。中曽根総理自身がいつもそのように自覚しているからであろう。総理に就任したとき「歴史的な転換の時代だ」と吐いて物議をかもしたのも不思議はない。

ある意味で、中曽根康弘はジャーナリストといえるだろう。変化する表層のみを相手にして、変わらざるものに思いをいたすことが少ない。「余裕がない」「ゆとりがない」のである。

「戦死するなら見事に戦死もしようという覚悟であります」

「討ち死にしてもいいと思います」

……と、覚悟を表明するとき「死」という言葉が多いのも一つの特徴である。勝手に死んでもらっては困る。一国の総理は特攻隊の隊長ではない。いや、総理は討ち死にしてもいいが、私どもはみな「平和」な社会で生きのびたいと願っているのだ。

陽の当たる場所にばかり行きたがる

――屈辱からの出発、突進。

これが中曽根康弘の初心であった。

終戦の二カ月後に内務省に復職。内務大臣官房に勤務。昭和二十一年二月に香川県警務課長。七月に警視庁監察官としてふたたび東京に帰ってくる。もともと中曽根は内務官僚、警察官僚である。この間およそ十カ月の役人暮らしをつづけたのち、昭和二十一年十二月に辞職して故郷の高崎に帰る。

「故郷は真赤（共産党）に染まっていた。私は矢も楯もたまらなかった。〃いまや、われわれは中央で出世を夢みる時ではない。まず故郷に帰り、故郷を固めてからふたたび中央で会おう〃大学の恩師である矢部貞治《やべていじ》氏の提唱を受けて、わたしは役所のなかで、帰郷運動をはじめたのである。この時、わたしといっしょに帰郷運動を実行してくれた人に、現在自民党治安対策特別委員長として活躍している早川崇君がいる」（『我ら大正っ子』）と中曽根は書いている。

中曽根の歩いてきた道をみるとき、政治学者・矢部貞治の影響を無視することはできない。のちに矢部は拓大総長となったが、中曽根が同じく拓大総長になった経過にも、師のあとを継ぐという志がみえる。

旧静高、東大（法）、海軍経理学校をともに同期で過ごした寺嶋覚は、こう言っている。

「東大時代の中曽根は早川たちと一緒に矢部さんの門下生のような立場でした。かれにその後の影響を与えたのはやはり矢部教授だったでしょう。私自身は旧静高のときも東大の時代もほとんどつきあいはありませんでした。中曽根はそれほど目立つ存在ではなかったですね。早川崇や大村襄治は剣道をやっていましたが、中曽根には特技がなかったせいもあるでしょう。

中曽根に政界入りを誘ったのは早川なんです。早川は戦後に内務省にもどったときから、いまさら占領軍に使われるのはいやだ、日本の再建は青年が中心になってやるべきだが、そのためには政治家になるべきだと、そう言って情熱を燃やしていました。戦後第一回の総選挙（昭和二十一年四月）に出馬したときから、中曽根にも呼びかけていたようです。おまえも早う出い、という手紙を秘書に持って行かせたと聞いています」

中曽根が述べていることと実情は少しちがうようだ。中曽根の提唱に早川が協力したのではなく、早川の情熱と生き方に中曽根のほうが刺激を受けたのである。

「海軍での戦争体験からいえば、戦時の人の生死は紙一重で偶然の所産という感じが強いです。となると、生き残った者は死んだ連中のぶんまで働こうという気になるものです。早川がそうだったし、中曽根にもそれはあったでしょう。ただ、〝風見鶏〟といわれながら政界の中枢に位置したころ、あるえらいひとから中曽根に忠告があったそうです。〝陽の当たる場所にばかり行きたがるのは、ひとにいやがられることになる。それが、きみの欠点だ〟とね。そのせいかどうか、政変で冷や飯を食うことになった一時期に、中曽根は〝日蔭のときをかみしめて成長していきたい〟と述懐しています。いま総理の座を得て自分の望みを果たしたわけだが、若いときの友人の一人としては、ひとの苦しみを知る人になってほしい、他と自分とをよくわきまえて政治をおこなってほしいと願っています」

と、寺嶋覚は言っている。

早川崇と中曽根康弘

恩師に矢部貞治をいただく二人の門下生はその後の歩み方もちがっていた。早川崇、中曽根康弘が歩いた道を比較してみると中曽根の資質がよくわかる。故早川崇の秘書を長くつとめていた橘昌平（日本バングラディシュ協会勤務）は中曽根の政界進出と早川との関係をこう述べている。

「早川は、戦後、内務省にもどったといっても厚生省の辞令をもらっただけで、勤務はしていません。すぐに郷里（和歌山県田辺市）に帰り日本の復興は青年が中心となるのだと青年団運動を始めました。もちろん早川の思想の形成は東大時代の矢部貞治先生の教えによるものです。そして早川は戦後第一回の旧憲法下の総選挙で全県一区、定員六人、立候補者四十八人という激戦をくぐり抜けて、二十九歳という若さで第五位で当選しました。他の候補者が〃米三合の配給〃を叫んでいたのに、早川は、敗戦にいたるまでの日本人の思考形式に誤りはないか、戦後の日本の復興はいかにすべきかと、正面きっての大演説で、それがかえって好印象を与え、期待を抱かれたようです」

橘秘書はそのころ、早川が書いた手紙を、まだ警視庁にいた中曽根のもとに届けたことがあるという。おまえも出ろ、という内容の文面であった。二度目の手紙で中曽根もついに決心したらしい。高崎に帰って、早川とそっくりの運動を始めた。青年に呼びかけ、青雲塾の原形をつくる。早川も高崎まで出かけていろいろアドバイスする。いま調べてみると、青雲塾を中心にして中曽根が展開した作戦はほとんど早川崇の真似といってよい。

「ところが、いよいよ中曽根出馬となって、早川が高崎に行って帰ってきたとき、うーむと不満そうな顔つきでした。つまり早川は、政界入りするにあたって青年の進出は古い因縁にとらわれたくない、地元政界人の地盤を引き継ぐことなどはしたくないと言って、無所属で出たんです。早川としては中曽根にも無所属で出てもらい、コンビを組みたかったようです。ところが、ふたをあけてみたら、中曽根さんは進歩党で出るという。地盤の引き継ぎの話もあったらしい」

父親の松五郎が高崎の地元の有力者、桜井伊兵衛（元貴族院議員）に頼んで、その支援を得ていたのである。このときの中曽根夫妻と青年たちの奮闘はいまも地元では語り草になっている。

青年や婦人は中曽根のさっそうとした姿と、胸をゆるがす弁舌に感嘆し、応援者は激増した。昭和二十二年四月二十七日、群馬県三区で全国でもめずらしい票数（六万五千四百八十四票）を得て、第一位で当選した。現在の地元の支援団体や人脈も、このとき中曽根の〝情熱〟に感動したひとたちが中核になっている。橘元秘書は言う。

「早川に向かって私が〝中曽根さんが一位に当選してよかったですね〟と言うと、早川は苦笑していました。中曽根さんが早川に言ったそうです。〝富士山に登る道はいろいろあるけど、最後に登り着くところは同じだよ〟ってね。早川とは生き方がちがっていたようです。その後、早川は政界で三木武夫先生らと話し合って国民党を結成。ついで国民協同党、社会革新党などをつくって遠まわりして改進党に参加。昭和三十年の保守合同で自民党入りしたわけです。そのへん、中曽根さんのほうは進歩党から日本民主党に発展して自民党に合同されるまで、いわゆるムダがないし、挫折という経験もありません」

中曽根は河野一郎に接近して河野派となった。「自分に欠けているものを勉強する」と中曽根は他人にもらしていたという。早川は三木派に属したので、二人のあいだはしだいに離れて、疎遠になった。歩く道がいつのまにかちがっていた。二人がふたたび近づいたのは三木武夫から福田赳夫に政権が移ってからである。早川は福田派と中曽根派の橋渡しをつとめる位置にいた。

「総裁選が近づいたころ、早川は東京医大病院に入院しました。ベッドによこたわった早川は、本来なら安倍晋太郎《あべしんたろう》に票を投ずべき立場なのに、公選では中曽根に出てもらいたいな、と言っていましたね。病いが重くなって昏睡状態になることが多く、ついに中曽根さんの総裁就任は知らないままだったと思います。十二月六日に危篤に陥り、中曽根さんもとんで来てくれました。いったんは持ちなおしましたが、七日の夜にまた危なくなった。上北沢の自宅に帰られていた中曽根さんは自家用車で駆けつけられ、病室に入って早川の枕もとに立つと、もう早川の意識はなかったのですが、〝早川くん、しっかりしろ。まだ死んじゃいかん！〟と大声で言われて、それから一時間、息を引きとるまで早川の手を握りつづけておられました。やはり同志だったのだな、と私は感じましたね」

〝力の政治〟の信奉者だ……

その人物の性格や性分は政界での生き方を変える。早川崇の葬儀のとき、またべつの感慨を抱いて涙した藤井勝志（衆議院議員・自民）の打明け話も私は聞いた。藤井勝志は興譲館中学から一高、東大（法）、海軍経理学校（短現第八期）と歩き、岡山県議三期を経て昭和三十五年に衆議院議員に当選。第二次福田内閣では労働大臣もつとめた。元海軍主計大尉。年齢は中曽根総理より三つ上だが、東大では同じく矢部貞治に学んだ門下生の一人である。藤井の政界入りも、矢部教授の影響が大きかったという。

「中曽根さんは世間では〝風見鶏〟とかなんとかいうが、総理大臣になるという大望を抱いて政界入りし、天下を取るまでは〝韓信《かんしん》の股《また》くぐり〟で、言葉どおりに夢を果たされた。敬服いたしますよ」

と前置きして、藤井は語った。

「終戦直後、矢部先生は〝日本再建の地下水たれ〟と私を励ましてくださった。私は昭和二十年十月に岡山に帰って地方自治体の運動を始めています。中曽根さんが初当選した選挙のときに、私も岡山県議に当選したんです。その後は岡山県の復興と発展のために十一年間働きましたが、折りにふれて矢部先生は講演に来てくださった。昭和三十三年五月には、岡山二区から衆議院議員に立候補。このときは次点で落選。昭和三十五年十一月に第四位で当選させてもらっています。じつは、私が一通の封書を受け取ったのはその前年、昭和三十四年十月のことでした」

差出人の名は中曽根康弘とあった。「一度お会いしたい」という内容である。藤井にとって中曽根は東大、海軍経理学校ともに先輩にあたり、矢部貞治の門下生としても先輩になる。進歩党から民主党になって以来、党員としても藤井と中曽根は同じ道を歩いている。ちがうのは中曽根が中央で春秋会(河野派)に属して活躍しているのにたいし、自分は衆議院議員の立候補予定者ということであった。

話の内容はだいたい想像できた。河野派に入れという誘いだと思われた。

「私は矢部先生に同席していただいて、東京で中曽根さんと会いました。やはり、思ったとおり、〝政治には、力が必要だ。力のある春秋会に参加して出馬しないか〟というお誘いでしたね。しかし、私は、中曽根さんの〝同じ矢部門下生として、協同民主主義という政治理念、姿勢を同じくする有志として〟という言葉に、それは少しちがうのではないか、と思った。矢部先生の教えはたしかに協同民主主義ですが、その理念は〝力の政治〟ではない。政治にたずさわる姿勢としても、派閥次元の参加は相容れないものです。けっきょく、春秋会に入るのはお断わりしました。矢部門下といってもいろいろあるようですね。同窓のよしみとして言わせていただくなら、亡くなられた早川さんとはその意味で同志でした。人間・早川と人間・藤井としてつきあいさせてもらいました。中曽根さんとは、そのときの出会いだけで、あとのおつきあいはありません。自民党の党員同士としての友好関係は当然ありますが、矢部門下としての同志的な絆《きずな》は感じていません。早川さんの葬儀の日、同じ矢部先生の教えを受け、海軍の飯を食い、自民党に参加していながら、一人は生命を落とし、一人は天下人となり、そして私は冷や飯を食っている（笑）……ひとの生きざま、運命というようなことをしみじみ思いましたね」

肩を並べて学んだ二人が異なった道を歩み、一人が総理総裁となったとき一人が息を引きとって死んで行くというのは、まさに戦国の政界らしい風景であろう。

早川崇と中曽根康弘が東大で学んだテキストは同じものであった。矢部貞治著『協同体的衆民制の原理』という。これを藤井にわかりやすく言ってもらうと、

「いわゆる中道の政治理念ですね。自由と平等という相反する立場の調和、これが政治の理想なんです。協同民主主義とは、個人は全体のために、全体は個人のために、という考え方で、全体と個人の調和ということになりましょうか。個人主義は自由にあらず、全体主義は平和にあらず、そこで全体と個人の調和を求める相対主義、といってもよいでしょう。私はつねづね、政治姿勢は政策に優先する、と言ってきました。これは矢部先生の教

えから得たものです」

と述べている。

いささか勉強させていただくと、矢部貞治は、

「人間は天使でもなければ野獣でもない。いかなる道徳家にも不善の心がひそんでいる。どんな極悪非道の人の心にも一片の仏心はある。複雑な要素をもった人間の集団がからみ合う現象が政治であるとするなら、一片の理論で割り切れるものではない」と言い、「民主主義をわきまえない愛国心は軍国主義に踏みあやまる。愛国心を失った民主主義は無政府主義の道に踏み迷う」と警告している。

矢部貞治は弟子の中曽根康弘にたいして、

「きみはなぜ春秋会（河野派）に加わったんだ」

と訊いたことがあった。そのとき中曽根康弘が、「河野一郎を政治家として尊敬しているわけじゃない。政治には力が必要だ。河野の力に頼っているんだ」と答えたのを同席者が聞いている。中曽根が帰って行ったあと矢部貞治はつらそうな顔で、

「中曽根という男は権力主義者なんだな。マキャベリストだ」

と、呟《つぶや》いたという。門下生をたずね歩くと、

「中曽根さんは矢部門下を自認しているらしいけど、矢部先生はそうは思っていませんよ。私たちも同門の士と呼ばれることは困る。かれは〝門下〟という経歴を利用している

だけで、理念は明らかに異なっている」

ときびしい声が多い。なかでも私の耳に残ったのは、

「早川さんは政治の方向に理念を持ち、中曽根さんは政界の（総理の）椅子に理想を考えたのでしょう」

という言葉であった。

5　郷士《ごうし》人脈——後援会にも「金」はないが……

郷党主義の青雲塾

屈辱を初心として戦う男・中曽根康弘は、いまや最高権力を得て、その屈辱を晴らそうとするかにみえる。かつて、作家の平林たい子は中曽根に向かって、

「あなたって、ぺらぺら燃えるカンナくずのようね」

という名言を吐いた。この言葉はやがてすっかり有名になったが、中曽根自身はしだいにこれを逆用するようになり、ときには自分のほうから口にするという。つまりは、つねに燃えている男、燃えつきようとする男、と解釈してわが意を得たりという気持になるよ

うだ。

初心の発祥地・群馬県高崎市をたずねると、おらが総理の誕生に後援者たちも気の昂《たか》ぶりをおさえられない。

「私は陸軍の現役召集で、幹候で終戦です。高崎に帰って来て中曽根先生の演説を聞いたときは感激したね。血沸き肉躍《おど》るとは、あのことですよ。何のために生きて行くのか！　と問われて、あ、おれたちは何をすべきか、とわかった。こういう政治家に活躍してもらわなければならん、そう思った。当時の復員軍人なら、みな共感したろうね。感情に訴える話術の巧みさ。それは当時の私たちの心の拠《よ》りどころをつくってくれたし、先生は輝いていたもの。ロマンの昇華！　夢を語り、夢を教えてくれたねえ」

と地元後援会「康友会」の大河原忠司（高崎冶金工業KK常務）はうっとりしたような眼つきになる。「康友会」には地元の産業人たちが集まっている。前会長の八木昭（八木工業KK社長）も、「私は予科練帰りでしてね。ちょうど二十歳で、椿《つばき》町の青年団におったとき中曽根先生の第一回の選挙のお手伝いをさせてもらいました。それ以前に中曽根先生が辻説法している姿も見ています。共感し、感動しましたね。すかっとした男前で、まさに青年将校が檄《げき》をとばしているという姿でした。いまも、眼の前にうかんできますよ」

と、思い出を語る。

中曽根康弘の地元の後援団体は直属の中曽根康弘後援会の各支部、連合会、婦人団体の

「あやめ会」「すみれ会」「ひまわり会」などがあり、ほかに産業人の「康友会」「群馬経済研究会」「三縁会」など、およそ九万人で組織されているという。

これを名づければ〝青雲人脈〟といえるだろうか。敗戦日本を再建しようとする一種のロマンに支えられていたといってよい。

いま、当時の地元紙（上毛新聞・昭和二十二年一月二十三日）をめくってみると、中曽根は『青年政治家論』という原稿を寄せている。その文の中には意気込んだ〝熱血〟の思いがあふれている。革命や維新はつねに青年によって遂行されたが、敗戦によって零の出発点に立ち戻った日本を再建するのもこれまた青年しかいないという。

「革命期の政治家の要件として私は、第一に革命史を知ること、第二に国の内外の情報を適確に取得すること、第三に行政技術力を身につけることの三つを挙げたい。（中略）来るべき社会原理は純資本主義にもあらず、また共産主義でもなく、といって民族主義でもない。これらの一つ一つと反撥しつつ、しかもそれらを包括したあるものとなるであろうと思う。（中略）革命期に於ける青年政治家は、後に思想家によって集大成さるべき現実を、その鋭敏な触覚によって一歩一歩築き上げる開拓者でなければならない」

他の候補者たちが食糧難を打開する策や配給米をふやせと叫んだときに、中曽根康弘だけは早川崇とまったく同じ方法で、真っ向から精神論、理想論を説いて挫折感に打ちひしがれていたひとたちの心をとらえた。

高崎市から安中《あんなか》市に入りさらに山間を行くと鷺宮《さぎのみや》というひなびた場所に佐藤春重という人物が住んでいる。現在六十六歳。元群馬県県会議員（昭和四十六年四月から昭和五十年三月まで一期）。野良着をスーツに着替えて私の前に現われた佐藤は、

「私が中曽根と知り合ったのは昭和二十二年の一月二十九日でしたな。家業の農業を継ぐため教師を辞めた一ヵ月後のことでした」

と言った。佐藤のいまの肩書は上信観光企業KK常務取締役だが、じつは中曽根康弘が衆議院議員に初当選したときから昭和四十六年三月二十日まで、およそ二十四年間にわたって中曽根康弘の秘書をつとめた。デビューしたとき以来の番頭で、主人が総理になる前に中曽根のもとを去った男ということになる。かれもまた知られざる縁の下の人脈ということになるだろう。

「その日に高崎市本町に住む元貴族院議員の桜井伊兵衛先生から電話があり、〝ちょっと話があるから高崎まで出てきなさい〟といわれました。私が翌一月三十日に桜井先生のお宅にうかがいますと、〝戦争に負けて焦土と化した戦後日本の混乱をどうにか収拾し再建したいと真剣に考え、国会に出たいと言っている青年がいる。年齢もきみと同じくらいだ。なかなか優秀な人物で考え方もしっかりしている。ひとつ相談相手になってやってくれ〟というような内容の話でした」

桜井伊兵衛は木暮《こぐれ》武太夫や竹越徳蔵などの代議士を育てて面倒をみてきた人物だったが、中曽根康弘の父・松五郎から息子のことを頼まれたのである。

桜井がなぜ佐藤春重を呼び出したか。佐藤は県立富岡中学、群馬師範学校、同校専攻科を卒業し、いったんは海軍に入隊したが除隊後は昭和十三年から県立高崎工業学校の体育、理科の教師として終戦直後までつとめていた。戦時中は県下の小学校、中学校をまわって軍事教育に奔走していたこともある。戦後の日本を再建するには教育か政治か農業しかないという考えであった。この佐藤の考え方や行動を桜井伊兵衛はよく知っていた。桜井にそう言われた佐藤は翌日、末広町の中曽根家まで行って中曽根康弘と会う。

「第一印象は真面目な好青年というところでした。背が高いなあと思い、元官僚にしては威張るような態度がみられないことにも好感を抱きました。すぐに洋間に通されてソファに坐って話し始めましたが二時間あまりお互いに喋《しゃべ》りつづけでした。終戦後の日本の現状をどう思うか、どのように再建して行くべきか。人生観、社会観、国家観、世界観、日本人の使命感などについて話し、実践するためには青年が立ち上がらなければならない、農村青年の指導と農業の生産体制の確立、思想の定着……とつぎからつぎへと話ははずみました。中曽根が自分の人生観はこうだと語れば私もまさに同じだと膝《ひざ》をたたく。私が自分の国家観について述べると、中曽根もまた、そうだそのとおりだと身をのり出してくる。もう最後には互いに興奮してしまって、〝あなたほど私の考えを理解し共感してくれたひとはいまだかつてなかった〃と私が言えば、中曽根も〃同感です。どうですか。私と一緒にやってみてくれませんか〃といったぐあいです。二時間後には二人の話はもうまとまっていました」

という。互いの共感もあったにちがいないが、中曽根青年の人心を魅《ひ》きつける術もこのときすでに発揮されていたと思われる。

四月一日が公示で四月二十五日が投票日ときまっており、それまでは二カ月間しかなかった。会った翌日の二月一日から二人は自転車で街に出て演説を始める。

「最初は農民を対象として、とりわけ青年層を中心に私どもの思想を説いてまわりました。質問にたいして思想や理想、観念を答えるのが中曽根で、細かい実践面のことは私が答えました。手ごたえはじゅうぶんでした。真面目で真摯《しんし》な心情からほとばしる言葉が人の心を打ったのだと思います。各地の青年団からの講演の依頼も多くなり支持者はたちまちふえていった。そのころからいままで、中曽根は食べるものと寝るところに関してはいっさい文句を言わないひとです。大臣になってからも五十円のパン二個で一食をすますようなひとですからね。粗末なものが出されたからといって中曽根が腹を立てたという話は聞いたことがありません。昼休みをとるのももったいなくて、御飯を食べながら外に出て行こうとした毎日でした」

と佐藤は言う。最初は中曽根が佐藤を「先生」と呼び、佐藤のほうが中曽根を「君」づけで呼んでいたが、これではまずいというので形のうえからも呼び方を逆転させた。その後の二十四年の秘書生活のあいだ、中曽根は第三者がいるところでは「佐藤君」と言ったが、私的に話すときはかならず「佐藤さん」と呼びかけたという。

「初期の段階で中曽根は巧みな弁舌と卓抜した理想論や将来への展望などによって人の心を魅きつける素晴らしいものを持っていたが、官僚出身者のために農民や地元青年たちを具体的に直接指導する力には欠けるところがあった。それを補ったのが、地元で十年間指導してまわっていた私の経験だったといえるでしょうか。中曽根もそのことがわかっていて、私にたいする遠慮があったと思います」

という。群馬三区は定員四名にたいして立候補者は三倍の十二名という大激戦区となったが、立候補者のうち最年少である三十歳の中曽根はたいへんな健闘を示した。静高、東大の同窓生や海軍の同期生たちも応援に駈けつけた。五島昇もともに運動した。トラック、自転車、拡声器、メガホンなどを総動員した戦いであった。その結果、全国でも第七位という県下最高得票数（六万五千四百八十四票）をもって、第三区のトップ当選を果たすのである。二位以下は、小峯柳多《りゅうた》、武藤運十郎、最上《もがみ》英子《えいこ》の順であった。当選したのち中曽根は父・松五郎の援助を受けて、市内の末広町に青雲塾会館をつくる。

いま、この会館は選挙事務所と同じ敷地内にあるが、足を踏み入れてみると「青雲塾綱領」と書かれた額がまず眼につく。

一、同志は、礼儀を正しくし、信義を重んずべし。
一、同志は、謙虚に学び、識見人格を磨くべし。
一、同志は、父母を敬い、家庭を温くし、社会に奉仕すべし。
一、同志は、世界に眼を開き、祖国を愛すべし。
一、同志は、団結し、郷党の中堅、国家の柱石となるべし。

さらに二階に上がり、演壇に向かって左側の白壁を見ると、墨書された「青雲塾修学原理」なるものが掲げられている。

一、教科書　一瞬一刻の人生が教科書であり、苦楽恩讐のすべてが神の与え賜うた教材である。
一、教室　教室は同志の心にある。真心を以て通ずれば、皆同じ教室に在って共学しているのである。
一、基本　責任感と行動力が生れなければ、学んだとは言えない。修養は、勇気を以て心の内外の抵抗を乗り切ることに始まる。
一、順序　修学の順序は、修身、斉家、治国、平天下である。
一、目標　生きたままの最高の芸術品に、その人生を完成して世を去ることを修学の目標とする。

……これを見るかぎり、〝青雲人脈〟は民族主義や愛国主義というより素朴な郷党主義を中心に置いた愛国運動の人脈といった感じがある。

演説会ではあの手この手を用いたらしい。選挙となれば当然のことだろうが、佐藤によると、ヤジを担当するサクラを送り込み、他の候補者に無理難題を浴びせかけて立ち往生させ、中曽根の若武者ぶりを聴衆に印象づけたという。

昭和二十四年一月には第二回の衆院選挙に当選。このころ、赤旗デモにたいして青雲塾の同志たちが日の丸デモをおこない、共産党の運動をことごとくかきまわしに出たことはよく知られている。佐藤の述懐のなかで田中清玄《せいげん》の名が出てくるのは〝地下人脈〟としてみてもおもしろい。

「昭和二十四年九月ごろから翌二十五年春にかけて共産党制圧のため〝電源防衛運動〟をおこなったことは忘れられません。共産党は全国の各地に勢力をひろげていましたが群馬県にも眼をつけ、東京に送電している吾妻地区の東京電力の発電所を占拠しようとした。共産党に日本の動力源を与えるなと私どもは立ち上がった。このとき中曽根は〝毒をもって毒を制す〟ということを考え、実行したのです。中曽根は内務省の警察畑の出身ですから共産党に関する情報は以前からくわしい。当時共産党から転向していた田中清玄にひそかに会い、説得して連れて来ました。私どもは田中清玄を中心にした共産党転向組を前面に押し出して、反共キャンペーンを展開していった。そのなかにはモスクワ大学を卒業した風間丈吉などもいました。共産主義をもっともよく知る田中清玄たちの反共・電源防衛運動は大きい効果がありました」

と佐藤は言っている。作戦として不思議はないが、しかし、この挿話にはなんとなく目的のためには手段を選ばずという匂《にお》いもある。

中曽根たちの運動の効果もあって電気産業労組のなかには穏健な民同派ができて、しだいに共産党の勢力を押し出していった。この民同派は現在の総評なのだが、民社党の佐々木良作なども当時は民同派にいた。中曽根康弘、田中清玄、佐々木良作などの人脈は、こういうことを知っていないとちょっと想像することもできない。

余談になるが、昭和二十九年に中曽根が原子力問題に力を尽くし、いちはやく多額の予算を獲得した前後についても、

「公開討論会のときなど原子力問題に反対する学者たちを質問攻めにして困惑させ、推進派にたいして攻撃がしにくいよう、いろいろと工作したものです。私どもの裏工作があったからこそ中曽根はいかなるときも優位に立ち、聴衆の質問にたいして他のだれよりも適切な答弁をすることができました。中曽根の演説のうまさ、答弁の確かさは当時、裏の力に支えられていました」

と佐藤は言う。佐藤が中曽根の第一秘書の地位を離れたのは、昭和四十六年三月である。訊いてみると、佐藤自身が衆議院地方区に出馬しようとしたことがきっかけらしい。四年前から準備をすすめて、後援会も十の数におよんだとき、佐藤は中曽根に自分の意思

と、準備してきたことを打ち明けた。ところが中曽根は同じ選挙区で世話になった先輩を応援することを約束しており、佐藤を押し出すことができない立場にあった。今回はあきらめてくれと言われた佐藤は、やがて許しを得て県会議員のほうにまわったという。

「私は中曽根を総理にすることが夢でした。そして総理秘書官となるよりも中曽根内閣の文部大臣になることが第二の夢だった。その夢はなかばにして崩れ去ったが、中曽根が総理になったことで私の半生はムダでなかったと満足しています。私が家にいなくて苦労をかけた家族も、中曽根総理が実現したとき苦労の甲斐があったと喜んでくれました」

と佐藤は満足しているという。

薄い裏の人脈

政界に入った中曽根は前述したごとく、河野一郎に近づき、「春秋会」の人脈に入って行く。吉田茂首相を痛烈に攻撃し、昭和二十六年にはGHQ（占領軍総司令部）に出頭して『マッカーサー元帥に対する建白書』も提出する。青年将校の面目は躍如としていた。久原《くはら》房之助と知り合い徳富蘇峰《とくとみそほう》のもとに通ったのもこのころだ。昭和二十八年から昭和二十九年にかけては憲法改正と原子力問題に力を注いだ。この間には茅誠司《かやせいじ》、藤岡由夫などの〝学者人脈〟とも、つきあいや談合のときが重なった。昭和二十九年三月、原子炉研究の調査費二億三千五百万円、ウラニウム探鉱研究費一千五百万円、国会図書館原子力関係資料費一千万円を国家予算に認めさせたのは先見の明ありとしていまも自慢の一つになっている。

さきに触れたように河野派に属することは否応なく児玉誉士夫、萩原吉太郎、永田雅一の人脈に馴染《なじ》んで行くことになった。この人脈のなかにはかつて大野番（大野伴睦《ばんぼく》）の記者としてならし、いまも政界にナベツネありとして知られる読売新聞社の渡辺恒雄もいる。大野、河野一郎と親しく、連絡役、参謀・相談役となっていた渡辺は若いときから中曽根を知っていたが、しだいに縁を深めて行く。昭和三十一年、読売新聞の創設者・正力松太郎が科学技術庁長官となり初代原子力委員長だったころ、中曽根のほうは国会の両院原子力合同委員会の委員長であった。一説にはこのとき正力の要望もあって、中曽根と渡辺恒雄との縁はさらに深まったともいわれる。河野亡きあとは中曽根を総理とするのが渡辺の夢であったようにみえる。

「中曽根新内閣の閣僚名簿は読売新聞の夕刊がいちはやくスクープした。組閣に際してナベツネがいちいち口をはさんでいたかと思われるほどだった」

と新聞記者の一人は言っている。渡辺恒雄もいまや読売新聞社の専務にして論説委員長である。単にマスコミ人としての人脈ではなく、中曽根康弘にとっては政界に実行力を持つ蔭の重要なブレーンといってよい。

〝風見鶏人脈〟は多岐にわたるが、そこにはどこか不信感がつきまとい、強烈な軸や綱は感じられない。政治学者・矢部貞治に私淑して、犬養健《いぬかいたける》、芦田均《あしだひとし》、楢橋渡《ならはしわたる》の顔ぶれにあこがれて進歩党（改進党から民主党となる）に入りながら、入党すると河野派の青年将校となる。河野一郎亡きあとは、一派を率いて〝仇敵〟であるはずの佐藤栄作に頼る。佐藤政権支持にまわったときは後見役の松村謙三とも疎遠になったという。「佐藤片肺内閣」などと批判したのちに一転して入閣。佐藤政権のあと角福戦争となると、今度は田中角栄について田中政権を実現させる。かと思うと一転して「上州連合」と称して福田と手を組み、田中角栄が金脈で退陣するといちはやく三木武夫と手を結ぶといったぐあいで変転きわまりない。「少数派の宿命であり存命策である」と中曽根は言っているが、これでは表舞台の政界の人脈も、つねに〝権力〟の流れを中心に置いたつながりにしかならない。表の人脈が薄ければ裏の人脈あるいは地下水脈の色も薄いのである。

「昭和五十二年暮れにぼくは中曽根派についた。その理由は、政界を見渡してみて、次期総裁を狙えるとしたら中曽根しかおらんかったからや。〝相対性理論〟やな。比較してみたら中曽根があたまひとつ抜けているとみたんや。大野派から船田派に移っていたんやが、これでぼくは中曽根派になった。中曽根は政治家として一流やし、演説もうまい。政権をとることができる大人物や。それならかれを総理大臣にさせよやないかということだった」

と語ったのは原健三郎（衆議院議員・中曽根派）であった。昭和三十三年六月に河野一郎が自民党総務会長に就任したときの副会長が中曽根と原であった。それまでも互いに知っていたが、このときから毎週二回かならず顔を合わせて合議するようになり縁が深くなった。「中曽根は親分の河野に似て、イエスかノーか、白か黒か、はっきりして迷いがないところがいい」と原は言う。いっぽう、「ひとこと多いのが欠点だったが、それもなおってきている」とする。ここ数年、中曽根は総理になれそうでなれなかった。

「昭和五十三年に大平首相が出現する直前やったと思うが、評論家の俵孝太郎と渡辺恒雄と中曽根、ぼくの四人で会合を持ったことがある。中曽根政権ができそうでできないことについて、俵、渡辺の意見を聞きたかった。俵は〝いろいろな政権交替を長いあいだ見てきているが、なかなかできないと思ったとき意外に首相になったりする。このつぎだと期待をかけずとも辛抱して待っていれば、向こうから転がり込んでくるものだ〟と言った。さまざまな情報はもたらされたが、どれもあてにはならない。けっきょく、この言葉がもっとも説得力があって、あわてず待つことだという結論でハラがきまった。ナベツネ（渡辺恒雄）などは中曽根一辺倒で、なんとかして首相にしてやらなきゃいかんと張り切っていたが、わしが応援したひと（大野、河野）はいずれも政権がとれんかった。わしが応援すると駄目になるのではないかと心配しておったな」

と、原は語っている。待てば海路の日和あり。転がり込んできたのだから支援者たちは大満足だろう。

ロッキード疑獄で逮捕された佐藤孝行は田中角栄と中曽根の隠れたパイプだったといわれる。角福戦争のとき福田寄りだとみられていた中曽根が一転して田中支持にまわったのには佐藤孝行の猛烈な工作があったという。そのせいかどうか、中曽根は三木内閣の幹事長の座を獲得したときは総務局長に佐藤を抜擢《ばってき》した。佐藤の後援会報にも、「佐藤孝行は私の片腕というより分身である。巧みな手綱さばきと独得の粘り強さではピカ一の総務局長」という文を寄せて持ち上げているそうだ。ただし、佐藤がロッキード事件によって逮捕されたあとは「遺憾である」と表明して触れようとしない。田中に寝返ったとき「田中から中曽根に七億円の金が渡った」と中川俊思《しゅんじ》（故人・元代議士）が『週刊新潮』に発言して中曽根側が告訴する騒ぎになったのは記憶に新しい。〝風見鶏〟の進み方には権力だけでなく金の噂《うわさ》が流れるのも当然だろう。佐藤栄作の軍門にくだったとき、元河野派の内部には、

「もともと河野の家の飯で育てられたのに、親分が死んだらいつのまにか佐藤栄作の使い走りになる。政治家の風上にもおけない男だ」

という声は多かった。河野一郎の実弟の河野謙三（元参議院議長、故人）は中曽根を嫌いつづけ、新自由クラブをつくった河野洋平や田川誠一たちも中曽根とは袂《たもと》を分けている。

〝風見鶏〟に加えて〝多言居士〟の性癖が、おのずから中曽根人脈の色合いを明らかにし

て行く。近づいた人物にたいしては必要以上のお世辞が口をついて出るのである。衆院本会議で自民党から代表質問に立ち、ときの佐藤栄作首相を、「かの平民宰相・原敬《たかし》にもまさるとも劣らぬ名宰相、大宰相」ともち上げて議場に笑いがひろがったこともある。これが一転して田中角栄を後援することになると新しいお世辞となる。角福の総裁戦争のとき、田中の支援を決定した翌日、中曽根はホテル・ニューオータニでおこなわれた「田中総裁候補激励大会」に出席した。ここで例によって、田中大讃辞を述べる。

「ご承知のように田中さんは大学を出ていない。けれども国立国会大学の大学院を首席で卒業された方です」

「ここに将棋の中原名人から、とくにもらってきた扇がある。大きく角と書いてあるのは田中角栄の角であると同時に、〝五五の角〟といって、将棋では角が八方をにらむことができるもっともいい位置にいることをいう」

と述べて場内の喝采《かっさい》を浴びた。三鬼陽之助の指摘ではないが、褒《ほ》められすぎて本人が照れるほどのもので、ひるがえって考えると誠実さや重みがない。つぎには、いつ、だれのことを最大級の讃辞で彩るかわからないのである。褒め人脈はとかく一転して恨み人脈に変わる傾向がある。総理という権力を握ったあと、田中角栄と中曽根康弘の関係や駆け引きがどのようになるか。中曽根が角栄人脈を恨みの人脈に変えてしまうかどうかは今後の中曽根の〝手腕〟といえるだろう。

中曽根が歩いてきた道や考え方は右翼的だが、これを純粋右翼からみればにわかに信用しがたいところがあるらしい。たとえば中曽根がしきりに首相公選論を叫んでいたころ、昭和三十六年八月、全日本愛国者同盟会議（当時の議長・佐郷屋嘉明《よしあき》）に招かれて説明を求められたことがあった。場所は神田駿河台・山の上ホテル。首相公選論は天皇制否定につながるのではないか、というのが愛国者同盟会議の疑問であった。このときには全国の愛国者団体の責任者たちおよそ四十名が集まっていて中曽根に質問を浴びせている。中曽根はそのときの〝弁明〟の内容をのちに『文藝春秋』（昭和四十年四月号）に書いて、

『今のように国家が首相を指名し、天皇がそれを任命する形にしておくと、政党や国会が腐敗したとき民心から離れた首相が指名されてそのまま天皇に任命されることもあり、国民が国会や政党を攻撃するとき天皇も政党や国会とともに流されてしまう危険がある。これに反して国民投票で首相を選び、これを天皇が任命すれば責任は国民にあって天皇はより安泰である。日本のような国は中間介在物を排してできるだけ天皇と国民を直結させる形がよい。これが一君万民に近い』

と少々怪しげな論理で述べている。多数の質問があったのち議長の佐郷屋嘉明は、「われらは天皇元首論である。憲法九条の即時改正を要求する点において中曽根氏と考え方を異にする。しかし政治機構の改革においては同感する点が多々あり、政治家には駆け引き

もあり、幅が広くなければ目的の達成もできないであろうからその点は了承した。中曽根氏の健闘を祈る」と註文して終わったという。「やれやれと思って帰る」という文章に中曽根の本音と、互いのあいだの距離がよみとれる。愛国者人脈と素朴な〝郷士《ごうし》人脈〟にはかなりの相違がありそうだ。

華やかな閨閥《けいばつ》

権力がらみではなくもっとも深いつながりは肉親縁者つまり閨閥ということになろう。

「〝風見鶏〟って呼ばれるの、わたし大ッ嫌い！　そんなんじゃないんです。政治は生きものなんだから、そのとき、そのときで対処していくより、しようがないじゃありませんか。ちがった面も見えてくるでしょうし、むしろ政治家として正しいことだと思っています。本当はとっても素直な人なんです。正直すぎるというのか、他人の言うことでも曲げて受け取らない。だから騙《だま》されちゃう」

と発言しているのは郷里にいる義姉の中曽根信子である。信子は四万人の会員を集める「あやめ会」（中曽根康弘の婦人後援会）の会長として、終戦直後の立候補のときから活躍してきた。夫の中曽根吉太郎つまり康弘の実兄はすこぶる大らかな人物で、康弘とはがらりと変わったおもしろい性格の持ち主であるらしい。そのことは紳士録を開いたとき、なるほどと思わせるものがあった。おそらく本人の〝申告〟になる内容だと考えられるが、吉太郎の項は他人の三倍も四倍ものスペースがさかれている。肩書その他をそのまま紹介するとつぎのようだ。

〈中曽根吉太郎〉　古久松木材　古久松産業　中曽根設計監理事務所　カナダコクマツフォールディング　群馬県木造住宅ローン各㈱社長　古久松（名）代表社員　群馬県三協アルミサッシュセンター㈱副社長　高崎原木市場　軽井沢警備保障　富士建設　北関東開発各㈱取締　上信電鉄㈱監査　高崎グリンウッド　高崎材木商組合　群馬県木材組合連高崎製紙チップ協力会　群馬県木材チップ工業会　群馬労働基準局山林指導員会　群馬県不動産分譲者協会　関東北木材生産協議会　群馬県林業架線技士協会　群馬県分譲住宅供給協会　高崎市北部長寿会連各会長　高崎市天台宗檀徒総代会長　青雲塾会館　群馬県木材協組各理事長　全国木材組合連副会長・関東支部長　全国木材チップ工業会　群馬県林政研究会　全国木材産業政治連盟　天台宗群馬教区檀信徒会各副会長　林業信用基金群馬県副会長　日本木材信用保証協会群馬県総代　群馬農林試験場長　高崎商工会議所常議員・税務委員長　高崎鉄道管理局貨物協会監事　林業労働災害防止協会群馬県支部長　高崎法人会　高崎緑友会　高崎製材官材協組各顧問

群馬県林業構造改善審議会　群馬県森林審議会　群馬県緑化推進委　全木連国有林対策

協議会　群馬県森林基本調査協議会各委員　木材流通合理化推進協議会中央委員　高崎北ロータリークラブ会員　林業架線技士　製材技士　宅地建物取引主任資格者　格付選別技士　生年月日・群馬県大３７10　学歴・昭７県立高崎商　職歴・両毛航空工業常務高松木材社長を経て昭25古久松木材同37古久松産業同44中曽根設計監理事務所同48カナダコクマツフォールディング各社長この間高崎法人会副会長　高崎市立一中ＰＴＡ会長　早川鉱山取締　高崎職業安定協議会副会長　高崎市立北小ＰＴＡ会長　群馬県法人会連理事　制がん研究会理事　ジャパンキャピタルパシフィック取締等歴任その間高崎税務署長　労働大臣林野庁長官　群馬県商工会議所連会長　群馬県知事　高崎市長　関東信越国税局長等より表彰農林大臣群馬県知事等より感謝状昭45紺綬褒章藍綬褒章　信条・至誠　趣味・ゴルフ　作曲　詩　家族・妻信子（大３８８生日本女子大卒）長男敏雄（昭24６５生早大卒）

中曽根康弘自身の家族をみると蔦子夫人とのあいだには一男二女がある。長男の弘文は慶大商学部を卒業して旭化成工業ＫＫに勤めていたが、昭和五十四年十一月、三十四歳で前川産業ＫＫ社長・前川昭一の長女・真理子と結婚した。媒酌人は当時旭化成の副社長だった都筑《つづき》馨太《けいた》であった。真理子夫人は初等科から聖心に学んだ才媛《さいえん》で、大学では哲学科に籍を置いて美学を専攻。父の前川昭一は業務用冷凍機のトップメーカーである前川製作所など前川グループの持ち株会社・前川産業のオーナー社長で、郷里の奈良県に所有する山林は資産にして数百億円にのぼるともいわれる。

五百人近い客を集めた披露宴（於ホテル・オークラ）には桜内義雄自民党幹事長（当時）をはじめ中曽根派の政治家のほかに、財界からは旭化成社長宮崎輝、堀江薫雄、永野重雄日商会頭、桜田武前日経連会長なども出席した。歌をサービスした勝新太郎の出席は文化・芸能界に顔の広い中曽根の人脈の一端を示している。その後、弘文は選挙区や周囲の要望があって中曽根の秘書として活躍中だが、いざというときには資力を頼ることができる閨閥だといえよう。

長女の美智子は凸版印刷に勤務していた双川文吾と結婚。双川はいま旭化成に勤めている。華やかな閨閥といわれたのは次女の美恵子の結婚であった。美恵子は日本女子大附属小学校から日本女子大文学部教育科を卒業。NHKにアナウンサーとして入社し『海外レポート』などを担当していた。この間、高校を卒業したときにはアメリカのエルシストン高（インディアナ州）に一年間留学している。余談になるが中曽根家は義姉の信子が日本女子大卒、康弘の妻の蔦子が日本女子大卒と、女性たちは日本女子大閥といってよい。

次女の美恵子が結婚した相手は鹿島建設社長（現会長）・渥美《あつみ》健夫の長男・直紀である。直紀は学習院から開成高、慶応大に進み大学院で経営学を専攻していた。二人が知り合ったのは互いに小学生のときで、「CISV」（国際夏季子供村）の同期生として、ともにキャンプに参加したときだという。この「CISV」という機関の日本側の会長が中曽根康弘で、副会長が渥美健夫だったというから、まさに親子ともどもトップの縁である。

鹿島家のけんらんたる家系についてはよく知られている。これまで人物本位の考え方で外部から優れた頭脳を〝輸入〟して発展してきたといわれ、渥美健夫は大阪商船の取締役だった故渥美育郎の長男。東大法学部を卒業して商工省に入り、戦後の経済安定本部にいたところを鹿島守之助に見込まれ、口説かれて鹿島家の長女・伊都子と結婚した。次女のよし子は経団連の初代会長であった石川一郎の六男・石川六郎（現・鹿島建設社長）と結婚。長男の昭一（現・鹿島建設副会長）はヤナセの社長・簗瀬次郎の次女と結婚。さらに三女の三枝子は平泉渉《わたる》（参議院議員・元科学技術庁長官）と結婚している。

「中曽根家の美恵子さんと鹿島家の直紀さんの二人は、幼なじみの好意をよく結婚にまで実らせたものだ」

と周囲の人たちは祝福を送っているが、政治家と資本家の結合であるところから、この結婚もおのずから〝政略結婚〟だとかなんとか取り沙汰される。結果として娘の嫁ぎ先は心強い閨閥を誕生させたということになるだろう。

ここまでみてくると〝地下人脈〟の色彩が薄いところが中曽根康弘の人脈の特徴であり、弱味であるといえるだろうか。

「暗い地下人脈が少ない、強い金脈もない。そこが戦後に現われたはじめての爽《さわ》やかな総理なのだ」と支援者たちは自画自讃する。しかし実際には、どこか不信感がただよって、そういう地下人脈ができないというのもほんとうだろう。嘘《うそ》がつけない、肚芸《はら》ができない、恰好《かっこう》悪いことはできないという性格も表向きの人脈しかつくらせない。これは一つの長所にはちがいないが欠点でもある。権力を得るために他人を利用して自分だけはきれいな顔をしているということになりかねない。田中角栄の金と力をもってしなければ、中曽根総理は実現しなかったというのが現実である。自立はなかなかできない。

私は高崎をたずねて〝表の人脈〟を少し歩いてみた。群馬三区は全国に知られた、福田赳夫との〝福中戦争〟あるいは〝中福戦争〟の戦場である。支援者たちは、

「中曽根陣営には金もない。地盤も薄い」

という。福田陣営のほうはまず町村議員、県会議員の力でかなりの票を集めるが、中曽根陣営のほうは中心になってバックアップしようとする強力な議員がいないという。

「中曽根イズムを持った議員は多いけど、なにしろ動いてもお金につながらない。自分が応援する選挙は自分の金でやるしかないという状態だ。先生の選挙をずっと手伝っていて衆院に出馬したいという人がいても、出ろといえない。金がまわらんからです。秘書だった渡辺秀央《ひでお》が出馬したときも、新潟で苦戦していた。ボス（中曽根）が金の面倒をみてくれないから自前でやるしかないと言っていました。気の毒なので康友会でカンパして届けたら、わずか数百万円の金で、とても喜んだねえ。手を握って涙を流さんばかりでですよ。

ちょうどそのとき中曽根先生が遊説中で一緒に飯を食ったんだが、先生が恐縮してるんだ。心配かけてすまなかったって。金がないことは自分でもよく承知しているから、私のような者にも頭をさげてくれるんだね」

と、康友会の大河原忠司は言っている。東京から地元の事務所に送られてくる金はわずかなもので、事務所から康友会が金をもらった例は一度もないそうだ。自前のカンパ（年間百万円）で活動し、選挙のときは臨時カンパの金を事務所に届けるほどであるという。

「支持者が金を出しての持出し選挙です。票集めと金集めが一緒だなんて、まあ、福田先生のところとは逆の状態なんですな。政治資金なんていうけど、中曽根個人のパイプなんてあるんですかねえ。地元財界の群馬経済研究会が活動資金の一部をカンパしていますが、これまで地元から大口献金があったのはただの一度だけ、先日の総裁選のときでした。〝三縁会〟が県内の財界を中心に一口三十万円で百人から三年分を集め、計九千万円をつくって中曽根総裁実現にハッパをかけたんです。中曽根先生が金のない政治活動をしているのは最初からで、第一回の応援も青年団や友人の手弁当でしたからね。中曽根先生の支持者はみな淡白です。手伝うことによって自分の仕事の利益をはかろうなどとは思っていない。中曽根先生を通じて政治を勉強するというつながりなんです。昭和四十七年に通産大臣になられたときも地元で祝賀会ができなかった。というのも高崎商工会議所の役員およそ六十人のうち、その九割が福田派なんですな。祝賀会を、といってもとりあげてもらえない。福田派の山本議員が通産政務次官になったときは二回も大祝賀会をやったというのにねえ」

と、八木昭の口からもつい愚痴が出てくる。

ほんとうに金がないのか。支援のスポンサーもいないのか。

「他の代議士のように地元の利益代表というのではない。スタートしたときから、国政をいかにすべきかと、政治家の本道を歩んでいるんです。地元にとってなにか一つくらい、いい話を聞かせてくださいと言っても、天下国家、世界情勢、経済、教育……道路だの橋だの、地元を喜ばせるような話は出てこないんですね。だから、三十六年ものあいだ、よくぞ後援会がついてきたものだと思います。支持者の世代交替がうまくいって引き継がれてきたのですが、みんな精神的なつながりなのですから」

昭和四十二年十一月、いわゆる〝風見鶏〟の行動により、第二次佐藤改造内閣に入閣。大臣就任（運輸大臣）を果たして帰郷したときには、

「これから総理総裁を目ざすなら党内野党的な立場ではいかん。いつまでも青年将校でいるわけにはいかん。派閥の長として生臭いこともやらなければならないだろう。地元経済界とのつながりを密にすることも必要だ」

ともらしたことがあった。しかし、かといって、要領よくなったり、ずるく画策したりすることができなかったという。

〝風見鶏《かざみどり》〟対〝寝業師〟

中曽根康弘事務所は市内の末広町にあった。鉄筋二階建ての屋上には日の丸の旗がはためいている。ここには地元秘書をつとめて十三年になる植原忠男がいた。かれもまた、もともとは青年団員として中曽根の演説に聞き惚れたのが支持者になるきっかけだった。

「群馬三区で福田派対中曽根派の対立は徹底しています。魚屋、八百屋にいたるまで対立がある。福田さんを支持する人は中曽根系の魚屋や八百屋ではぜったいに買い物をしない。逆もまたしかり、です。縁談にしても、福田派の家にはうちの娘はぜったいにやらん、と親同士がいがみ合って破談になったという話もよく聞きます。家柄とか学歴とかを気にするのはあとの問題で、まず中曽根支持派か福田支持派かがいちばん重要なことなんです。

中曽根を支持するひとと福田を支持するひとはまったく人柄がちがいますね。中曽根支持派はみな、よくいえば紳士ですよ。青雲塾の薫陶《くんとう》を受けている。しかし、そのためにずるさがない。これに対して、福田支持派は他人を押し倒してもという、よくいえば根性があり、悪くいえばあくどいやつらが中心です。要するに〝寝業師《ねわざし》〟というのでしょうか、正面きってことをおこなうのではなく、巧妙な手段を用いてくる。正々堂々とこないで裏にまわってこそこそと動くのです」

と植原は仇敵・福田派を弾劾する。どちらも親分に似てくるのか、それとも似たもの同士が集まってくるのか。福田支持の人種からみれば、中曽根派の連中はカッコばかりつけて空理空論、毒にも薬にもならぬことを言っている実力なきやつ、ということになるのかもしれない。植原の言葉を聞きながら、私は〝風見鶏〟対〝寝業師〟という対立を思いうかべた。いっぽうは風向きに神経質なトリで、いっぽうはいつも相手をひっくり返そうと隙《すき》を狙っているタヌキである。

中曽根康弘は総理に就任する以前は一カ月に一度くらいの割合で、帰って来ていたという。

「これからは忙しくて帰郷も少なくなるでしょう。われわれ一人一人が中曽根先生を総理にしたんだという自負がある反面、なにやらさみしい気もしますね。先生はすましているようなところがあって、とかく薄情なひとだと見られがちなんですよ。たとえば第一回目の衆議院選挙のとき、ともに闘った同志の顔なども記憶はしているのだが、表情や態度に気持を出さないところがある。相手にしてみれば、〝あのときはご苦労さん〟と声の一つもかけてもらいたいのが心情のようです。地元で会合があっても、さっと壇上に立って話を始め、終わればさっと引き揚げてしまう。これが福田先生ならちがいます。壇上にあがるまでにたっぷりと時間をかけ、やあやあとにこにこしながら握手してまわる。〝あのときの選挙はご苦労さん。また頼むよ〟と一人一人に声をかけて行く。握手され声をかけられたほうは、〝ああ、福田先生は十数年前のことをおぼえていてくれた。こんなにえらくなっても昔の同志のことを忘れてはいない〟と感激して、これからも福田先生を応援しなければと決意を新たにするんですね。講演が終わったあとも、また握手ですよ。中曽根先生はそういうジェスチュアをしないです。だから昔から中曽根を守《も》り立ててきた人に、えらくなったら知らんふりだ、と思わせるところがある。本人はそうじゃないのですけどねえ。こういうことを中曽根先生に言ったら、にが笑いしながら聞いていました。こんなサービスさえやっていれば、福田さんとの票の開きも逆転する可能性があるんですがね。私たちはいつも、ひやひやしています」

合理的な知性のひと中曽根康弘としては、ムダなこと、もってまわったようなことは嫌いなのであろう。しかし世の中はムダなことばかりで、ムダなことから文化が生まれ、〝対話〟が成り立ち、〝味〟が出てくるというのも一面の真実である。あまり割り切られては、まさに味も素っ気もない。もはや、演説と情熱だけに感動した終戦直後とはちがうのである。

選挙対策本部長は中曽根と小学校、旧制中学で同級生だった茂木三郎（茂木商会社長＝中曽根康弘事務所運営委員会委員長）だが、「私はワルの代表、ヤッちゃん（康弘）はおとなしくて頭のいいぼんぼん」だったという。かれからみると中曽根康弘は、こつこつと積み上げていく勉強家タイプ、である。

「中曽根の支持者は青年層を中心として精神的なつながりでつづいてきたんです。とにかく資金パイプが薄くて、後援者は持ち出しで、汗と足でかせぐしかない。本人に物欲がないから後援者も淡白で、いわば〝日本料理〟の選挙なんですね。それにたいして福田派は〝中国料理〟ふうの脂っこい選挙をやる。物量ではとてもかないません。中央から地元へ金を持ってくるんだから正反対ですよ。組織は強化しましたが、今後は、いまの若い人との断層が問題になりますね」

と言った。中曽根対福田の選挙戦は票数からみてもずっと福田優位できている。昭和四十七年に福田総理実現のはずが中曽根の動きで総理の座を田中角栄に持っていかれたときには、上州内閣をつぶした裏切者とののしられ、苦戦を強いられた。ロッキード事件で疑惑をささやかれたときにも、苦労してぎりぎりの票数で当選した。昭和四十二年に十万票を獲得して一位になったほかは、ずっと福田赳夫の後塵《こうじん》を拝している。

「今度の選挙はこれまでにない激戦になるでしょうな。あちらはおそらく最後の選挙になるし、こちらは総理総裁のメンツがあります。どちらが第一位になるか。福中戦争ではなく〝中福〟大戦争です。中曽根の総理としての真価はすでにその外交での行動力で示されました。サミットでも、外遊でも、これまでの総理は大平さんも、福田さんも、みんなみじめな姿で伝えられています。中曽根の堂々たる態度は日本がやっと対等になったことを思わせるじゃありませんか。内政についても、これから力を見せるはずです。長期政権で真価を発揮できるタイプですから地元でも頑張って守り立てていきます」

と、茂木三郎は言っている。

地元の人気に隙間風が吹き始めているのはなぜか、と私が訊いたとき、ある中曽根支持派の人物が苦しげに答えた言葉が興味深かった。

「まず、背が高くて相手を見下すようになるでしょう。だから相手に威圧感を与えてしまうんです。それに海軍あがりで姿勢がいいので、ふんぞりかえっているように見られる。愛想も言えない、演説するのはうまいのに、選挙民のなかに入って一対一でのひとことが言えないんですね。地元の会では、話を短くして、そのぶん握手してくれ、両手で握手しながら歩いてくれと頼んでいるのですが、それがどうもうまくいかないんです」

この談話の前半に指摘された姿かたちは若き日の中曽根康弘の魅力そのものだったのではないか。背が高くて、無口で、さっそうとしていた中曽根も齢《よわい》を重ね立場が変わるうちに、その外見だけでは惹《ひ》きつけられなくなった。いや、むしろ権力を握ったいま障害になっているところが皮肉である。演説はうまいがマン・ツー・マンの対話が苦手であるというのも予感したとおりであった。なにも選挙民に媚《こび》を売る必要はないが、なんとなくそこには大衆ひとりひとりとの遊離が感じられる。たしかにテレビの画面に映る中曽根総理の容姿と姿勢は、私ども日本人に優越感あるいは対等感を与えるが、それだけで気を許していると、とんでもないことになるぞ、という不安がある。

田中派閥に支えられた〝力学〟

——政治は金と力だ。

と言ったのは岸信介元総理であった。

中曽根新総理の人脈や周辺をさぐると、「弘基会」（永野重雄・土光敏夫・桜田武など）や「あけぼの会」（藤野忠次郎、三村庸平、今里広記など）、「中井会」（三井系財界人）、「青年懇話会」（五島昇と旧海軍出身者）など財界との交流はみられるが、これまで強力な資金ルートとは言い難かった。保守傍流の道を歩んできたせいもあるし、中曽根本人の性格も原因しているだろう。田中角栄の金と力によって総理の実権を握った今後はすこしは金脈もふえてくるであろうし、これらの財界とのつながりも活性化するだろう。

「かれは権力主義者だ」

と、恩師が嘆いたとおり、中曽根康弘はその出発点から、「富士山へ登る道はいろいろある。頂きに登れば同じことだ」という意識を持ち続け、総理に就任したあと、「これまでやってきたことは、すべて総理大臣になるためだった」（朝日新聞）と平然と発言して記者をおどろかせている。まさに中曽根康弘は形だけは〝有頂天〟にのぼりつめた。

——政治は力だ。

という中曽根総理の声が聞こえてくるように思う。考えてみると、屈辱から出発して政界を泳ぎ始めた中曽根康弘の言動は、すべて〝力学〟に支えられている。いまや形のうえで最高の権力を獲得した中曽根は、世界を〝力〟で計り、私どもを置き去りにして〝歴史的役割〟に挑戦しているようにみえる。しかし〝角影〟による力はほんとうの力とは言えない。

「こないだ、次女が『パパは総理大臣になって何が一番したいの』って訊いてました。そしたら、娘だから気ィ許したんでしょうね。『パパはね、自分の国は自分で守る国をつくりたいんだよ』って」(『文藝春秋』昭和五十八年五月号)

というような夫人の報告を聞くと、私はどきりとする。

「風見鶏といわれようと、オポチュニスト(日和見主義者)といわれようと、総理になることが大事と思ってきた。総理になってからが、いよいよ本番。蓄積してきたことを一気にやる。批判は恐れない。戦死すれば本望だ」(昭和五十八年一月、日本記者クラブの会見)

という言葉にも不安と疑惑をおぼえる。これまでは本番ではなかったということか。一気にことを成してもらいたくはない。批判はおそれてもらいたいし、いたずらに戦死しないでもらいたい。白か黒か、一か八かの突撃もよしてもらいたい。〝ゆとり〟や〝味〟や〝徳〟をみせてもらいたい。なにより、演説でもいいから「平和」という単語を聞かせてほしい、と思う。

金脈も人脈も田中角栄に頼った他力本願の〝権力〟は、どこでどう角ばなれして自立し、自分の手に握った自分のナタとして振ることができるのだろうか。はなはだ心もとない。

カラ突撃、カラ戦死になりかねない。〝角力〟を最高権力としたさまざまな〝地下人脈〟がこの世界にはうごめいているのである。

第二章　上海《シャンハイ》人脈と児玉誉士夫《こだまよしお》

1　戦後政治は上海感覚

児玉誉士夫を知る男たち

……昭和五十一年の二月、ロッキード事件が明るみに出たころ、杉並区西荻窪にある一邸宅に三々五々集まってくる不思議な人物たちがいた。いずれも六十歳を越えると思われる老人たちだが、矍鑠《かくしゃく》として、足もとはしっかりしている。つらがまえも並みではない。西荻窪駅を降りたかれらは劇団「若草」の大看板を掲げた道を折れて、石塀に囲まれ、玄関わきにひょろりと松の老木が立つ一軒の邸に吸い込まれた。

応接間は十畳もあろうか、壁には中国の名筆の数々が掲げられている。たとえば「李太白の詩にわが心境を託す」として「大草生長待　亭々凌霜雪……」と始まる詩は汪精衛の手になる筆で、その邸の主である「××先生に贈る」とある。

「ロッキードが墜落しましたな」

一人がそう言うと、いま一人の客は、

「これは児玉（誉士夫）のやつと、小佐野（賢治）、それに田中（角栄）たちの組んだ仕事でしょうな」

と、答える。まだ事件はアメリカから伝わったばかりであったが、五、六人の客のあいだでは、橋本登美三郎や福永一臣《かずおみ》の名も口にされた。児玉の主治医である喜多村孝一、榊原仟《さかきばらしげる》の名も出た。

「上海からの縁だ。女子医大の榊原がついている」

「児玉は病気になるだろう」

「ニセ病人ではない。ああいう過去の暮らしを持った男だから、〝擬死〟の動物的な本能がはたらく。ある意味では身心一体、危険を察知する能力を養っているからな。ほんとうの病人になる」

「おれたちが育ててやったようなものだ。かなしいことだよ」

「ぜひとも、一掃してもらいたい」

一同は邸の主を中心にして、こもごもロッキード事件の内幕と展開について話し合い、やがてふたたび、ひと知れず散っていったという。

かれらはその後も表面には出なかったが、一座の予測はことごとく適中した。ご存じのごとく、まず児玉誉士夫は「失見当識」で倒れた。主治医の喜多村孝一女子医大教授の診断は「脳血栓による脳梗塞《こうそく》後遺症」「末梢神経不全」というものであった。さらに榊原仟教授は、「左室肥大兼慢性虚血性心疾患」という素人にはわかりにくい病名をあげて、「過度の精神的ストレスは狭心症発作の誘発あるいは心筋梗塞の発生をうながす危険があると考える」と診断書に書いた。小佐野賢治が国会に召喚され、やがて田中角栄が逮捕される。一同が名をあげた代議士たちがつづいて検察庁に呼ばれる。そのたびにかれらは西荻窪の邸に集まって乾杯し、

「ようやく終戦がやってきた」

と、言い合っている。

このひとたちは社会の表面には出たがらず児玉とちがって、いわば世捨てびとのように、戦後を暮らしてきた。なぜ、ロッキード事件の展開を正確に予測し、見透すことができるのか。それは、児玉誉士夫の育ち方をよく知り、児玉と同じく、

——上海人脈

につらなる男たちだからである。

上海経験のない田中角栄だけが総理失脚

私はロッキード事件が発覚したときからひそかに、〝上海人脈〟のことが気になっていた。上海人脈のつながりを明らかにしなければ事件のもう一つの結末はないのではないか、意味はないのではないか、とさえ思った。戦後の日本を動かしてきた保守政治の軸・自民党の創始が、じつは上海から児玉誉士夫の運んできたダイヤモンドやプラチナなどの

資産に助けられたことは、いまや定説である。

それらを輸送したのは朝日新聞社の社機であったが、橋本登美三郎も一時期は同社の上海支局次長だった。児玉の病状を証言した榊原仟教授もかつては上海のジェネラル・ホスピタルに送りこまれていた経歴がある。福永一臣も上海生活を体験している。さらにいえば、岸信介は満洲だが、佐藤栄作は鉄道省の課長時代に、一年あまり上海に出向して華中鉄道の設立にあたっている。のちに岸信介と対決した〝潜行三千里〟の辻政信も、児玉誉士夫との深い縁ができたのは上海であった。

――ロッキード疑獄を裏でつくりあげたのは〝上海人脈〟ではないのか。

こういう指摘を最初におこなったのは、ロッキード事件に関するマスコミ報道を裏でリードした感がある『Insider』（情報紙）だったと思うが、私はこれにいたく刺激された。私など戦争中は小学生であったから〝上海〟は地名を知るのみで、上海がどのような人脈をつくり、それがどのように戦後に生きているのか知らなかった。私たちの知らぬところで政財界の右や左の意外な人物たちが、

「おい、キミ。今夜あたり一杯やるか」

「うむ。上海時代のはなしでもするか」

という電話を交わし、予想もつかぬ謀議をこらしているとしたら、なんとなく薄気味悪い話ではある。

そういえば福田赳夫内閣のときの閣僚・石田博英も、かつては日本経済新聞の前身である中外商業新報の上海支局長であった。かつて美濃部前都知事の隠れたブレーンといわれた小森武も上海の『大陸新報』の出身者である。そのほか調べてみると多士済々、いま政治の中枢にある人物、戦後に政権を握ってきた人物たちは多かれ少なかれ〝上海〟の空気を吸っている。ただひとり上海体験のない田中角栄が〝失脚〟したことが象徴的にさえ思えてくる。

そこで戦後の政治家や財界成功者たちの自伝の類いを読んでみると、不思議に〝上海時代〟が空白の部分になっていることに気づく。触れたとしても、駈けるがごとく、おざなりの記述がつづく。たとえば橋本登美三郎の『私の履歴書』(日本経済新聞)では、「昭和十一年から十五年までの南京、上海時代の出来事を一つ一つ書いたらきりがないので、ここではのんびりした個人的な話にとどめておこう」と前置きして、携帯無線機導入による取材成功の思い出をわずか三、四枚の原稿で披露しているにすぎない。佐藤栄作にいたっては「上海での私生活は、占領下ではあるし、金はあるしで、なかなかはぶりがよかった。ドッグレースやハイアライを見にいって大いばりだし、また上海のごちそうでうまいのはカニ、それから松江のスズキに似たもので時魚がうまかった……」と舌鼓をうち、「その他うまいものには、アヒルの舌とかクマの足。熊掌《ゆうしょう》はあまりないが、南京のアヒル、北京のコイ、酒は紹興酒、それに美人は揚州。帝国主義的侵略がどうしたとかいうと面倒になるが、その時代の流れをさほど気にとめない日本人には大変いい時期であった」と、けっこうな旨《うま》いものばなしに打ち興じている。いったいどうなっているのか。〃帝国主義的侵略云々《うんぬん》〃を〃面倒になる〃と片づける感覚もどうかと思われるが、そこには上海生活における初体験あるいは衝撃、人脈のようなものはどこにも書かれてないのである。

戦前・戦中における上海は、軍人・官僚をふくめてエリートたちが一度は人生のうちで通りすぎる場所でもあった。英・米・仏・伊と顔色の異なった外国人にはじめて接し、きらびやかな国際外交をくりひろげ深刻な火花を散らすいっぽう、とらえどころのない中国人を相手にして、日本人としての欠点を知る。上海体験を経た人間は、ひとまわり大きくなるといわれた。

聯合《れんごう》通信社の上海支局長として、その体験を克明に追った労作『上海時代（上・中・下）』（松本重治著・中公新書）などを読ませていただくと、当時の上海はさながら国際社会の縮図であり、各国の思惑が乱れとぶ接点であり、日中戦争に突入して、やがて太平洋戦争に移行する様態や原因を如実にあらわした土地であったことがよくわかる。ここではいまのニューヨークのごとくさまざまに入り乱れた人脈がつくられているのである。

――戦後の政治は、エリートたちの〃上海体験〃あるいは〃上海感覚〃でおこなわれたのではなかったか。

とさえ思う。
飛行機で行けば東京から福岡まで三時間、福岡からさらに上海まで三時間。東京からわずか六時間のところに位置する手っとり早い〝国際感覚〟養成の場所でもあったようだ。そこには阿片《アヘン》があり魔窟があり淫売がありゴロつきや大陸浪人たちが跳梁《ちょうりょう》していた。各国の情報の集散地でもあり、テロや暗殺も平然とおこなわれる。大金も乱れとぶ。『上海時代』に書かれたような表の〝人脈〟や〝感覚〟も形成されるが、同時に裏側の人と人とのつながりや処世法も養成される。だいいち戦争に突入するころの上海には〝表〟も〝裏〟もなかったのである。

「上海でながく暮らした者には、どこか、ひとには語れぬ、くらい部分があります」
と体験者から聞いた言葉がいまも私の耳の奥に残っている。

一九三五年の統計をみると、当時、中国内にいた日本人は七六、九三一人で、そのうち第一位の集中度を示すのは上海市の二六、二〇八人であった。

上海市は共同租界、フランス租界、中国人街の三つに区分されていたが、日本人たちはほとんど共同租界に住み、とくにその中心部に近い北四川路《ベースーチヨワンルー》のあたりで暮らす者が多かった。これらの人たちのなかには上海に美しい思い出だけを抱いていま生きているかたも多いだろう。だがその末期に児玉誉士夫がここで〝育ち〟、戦後の政治の裏面に暗躍したのも事実である。

――上海でなにがあったか。

この疑問は、戦争責任あるいは終戦処理の問題にまでつらなり、いま現在の政治にもかかわってくるのではないか。私は、児玉誉士夫の周辺から取材を始めた。しかし、ロッキード疑獄の報道がさかんなころに沈黙を守っていた〝上海人脈〟の人たちが、その重い口を開き始めたのはつい最近のことである。高齢者たちのそれらの証言は、ひとつの歴史的証言ともいえるだろう。

冒頭に紹介した西荻窪の邸に赴く前に、われわれはまず広島へとぶことにする。

2　児玉機関とその幹部たち

笹川良一・岩田幸雄・児玉誉士夫の関連

広島駅を降りて南にくだると、市役所の建物のすぐそばに、なんの変哲もない小さな三階建てのビルがある。一階の喫茶店を無視して二階の事務所にあがり、応接間に通った者の眼につくのは、壁に掲げられたおびただしい賞状の類いである。見ていくとそれらのなかには、笹川良一会長が与えた「競艇事業によく協力され」といった文面がもっとも多い。石坂泰三、大浜信泉の発行になる「沖縄海洋博寄附御礼」の額もある。それらにまじって訪問客の眼をひきつけるのは一枚の写真と感謝状である。

写真には四人の男がうつっており、白い文字でそれぞれの姓名と肩書が記されている。右端には「日本国粋大衆党秘書局長・藤吉男」とあり、その隣りは「中華民国政府主席・汪精衛」、さらに「日本国粋大衆党東亜部長・児玉誉士夫」、「大日本帝国外務省嘱託・岩田幸雄」とある。若い児玉は髪を長くしているせいか、いかにも二枚目にみえる。

感謝状のほうは「海軍航空本部長・海軍中将・戸塚道太郎」によるものである。ご参考のために紹介しておくと、以下のようにある。

「右者　昭和十六年十二月初頭　本部ノ命ヲ承ケ　中支那ニ於テ児玉機関ヲ創設　爾来凡ユル困難ヲ克服シ　軍需物資　特ニ航空関係ノ重要資材ヲ調達運搬セル功績ハ多大ノモノアリ　依テソノ功ヲ賞シコノ状ヲ下ス

昭和二十年一月一日

海軍航空本部嘱託・岩田幸雄殿」

……ここまで見てくると、はじめての訪問客もおのずから顔の筋肉をひきしめる。そうか、ビルの主は児玉機関の大幹部、児玉誉士夫の片腕、いや児玉の同僚といわれた岩田幸雄なのか、と気づくからである。

岩田幸雄はもともと広島県のモーターボート競走会の会長であったが、糸山英太郎の選挙違反に連座してその職をおりざるを得なくなった。私が会ったときの肩書は「財団法人、西日本海洋協会設立準備委員会委員」だが、いぜん、広島県下各界に影響を及ぼす蔭の実力者であることはまちがいなかった。二度三度と約束の時刻の変更があって、ようやく眼の前に姿を現わしたのは、背丈の低い、頭の禿《は》げあがった老人であった。鼻下にたくわえた髭《ひげ》も白い。見た眼には名刺をとり出す手の動きにもいたいたしさを感じるほどだが、口をひらいてほとばしる声は鋭く、しっかりしていた。

「私は、日本の三岩田の一人といわれたものです。富美夫、愛之助、幸雄。その〝幸雄〟が私というわけです。マスコミもいい加減なことをいう。おれのことを児玉機関の四天王だと書きよる。とんでもないことだ。おれはなにも児玉の下にいたわけじゃないよ。いまもいったとおり、大化会の岩田富美夫とは義兄弟の間柄です。それからいくと、児玉君などは、若かったね。おれがつまらない事件で府中刑務所に入ったとき、かれも刑務所に入ってきた。それが二人の出会いだった。おれは大化会の幹部だったせいか刑務所内でも主《ぬし》だったが、新入りの児玉君は教会の前の広場の草むしりなどして隅っこでしょぼんとしていたね。ま、これが縁となって児玉は大化会におれを訪ねてきて出入りが始まったわけだ。おれの引きがなかったら、いまの児玉君はなかったかも知れない」

つまりは岩田にいわせると、岩田幸雄は児玉誉士夫の育ての親、あるいは兄貴分ということになるだろうか。

「汪精衛を護衛した捧皇隊の件だって、おれが、岩井（英一・副領事）さんのたっての頼みで副隊長を引き受けたから、それで彼の箔《はく》がついたんだ。そのことを忘れて、児玉君がいろんな本に勝手なことばかり書いている。もちろん〝児玉機関〟だってそうだ。あれはもともと〝小林機関〟だったし、いまでもおれはそう思っている」

岩田の話を追うとつぎのようになる。

昭和十六年のはじめ、かれが上海にいる時、日本国粋大衆党（総裁・笹川良一）の事業部長だった小林豊樹から電話連絡が入った。小林は笹川の智恵袋といわれたほどの男である。

「いま、おれは上海に来てるんだ。海軍の山県正郷少将をお連れしている。『松緑』にあがっているのだが、ちょっと来てくれんか」

という。「松緑」は当時の上海ではもっともよく知られた、軍人の客が多い料亭であった。岩田はすぐに駈けつけた。行ってみると、座敷には当時の海軍航空本部長山県少将のほか小林豊樹と、同じく国粋大衆党の幹部と、三人が坐っている。岩田が現われると芸者や若い者たちを遠ざけて山県少将が口をひらいた。

「このたびわが海軍では、これまでの大艦巨砲主義をあらため、航空戦隊の充実に力をそそぐことになった。ついては海軍独自の力で、それに必要な資材の調達をはかりたいと思う。そこで、小林君と岩田君に、あらんかぎりの力を尽くしてもらいたい」

これを聞いて、岩田は感激した。航空本部長の山県少将からじきじきの依頼だと思うと張り切らざるを得ない。かねて外務省の嘱託として調べておいたメモを胸のポケットからとり出し、税関の荷揚げ品目を説明した。

「これは第三国からの援蔣（蔣介石）物資がどの倉庫にどのくらい集まっているかを示すリストです。この上海では、英、仏、米など、それぞれ中立を装ってはいますが、事実上は、蔣介石軍に援助する倉庫を黄浦江にずらりと並べている。もちろん、なかには国際的な中立倉庫とみられるスイスのモンターバン倉庫などもありますが、ほかは、ほとんど敵性倉庫です」

「その内容をどのようにして調べた」

「支那人の税関吏に協力させて、陸揚げした品目をすべて書き出させました。この一覧表さえあれば、閣下が要求される品がどの倉庫にどれだけ保管されているかすぐにわかります」

このようなやりとりに山県少将もすこぶる満足した。さすがは笹川さんが紹介した男だけのことはあると言い置いて、東京へ帰っていった。しかしその後は、なんの音沙汰もない。山県少将とのことを忘れかけていたころ、一年後、ひょっこりとむかし岩田の配下であった吉田彦太郎がたずねてきた。吉田はのちに裕彦と改名したが児玉誉士夫の舎弟であり、児玉機関の大幹部であった。ついでに述べておけば、戦後は円形のビルで話題を呼んだ銀座の三愛ビルの社長にも就任し、数年前に死去している。

吉田は、困ったことができた、と言う。

「じつは児玉さんから頼まれて、モリブデンやタングステンなどの買いつけをおこなっているが、仲介者である東光公司の水田光義社長の態度がどうもおかしい。こちらが要求する品物と数量は集めてくれるが、その値段がばかに高い。どうにかならんかな」

岩田はこれを聞いておどろいた。

「まさか注文主は、海軍航空本部じゃあるまいな」

「そうです。それがどうかしましたか」

平然と答えられて、岩田は胸のうちにわいてくる怒りをもてあました。若い者を叱っても仕方がない。しかし海軍が上海の実情を知らない児玉君に仕事をまかせるとはなにごとだ、と腹にすえかねた。岩田のみるところ、児玉には支那のシの字もわかっていない、大陸では駈け出しもいいところである。吉田彦太郎を追い返した岩田はすぐに東京の小林豊樹を電話口に呼び出し、ひどい話じゃないか、ときつく言った。小林は、「すまん、すまん。じつをいうとおれも怒っとるんだが、おやじ（笹川良一）が児玉にやらせるというんだ。どうにもできないよ。まあ、児玉がやるとはいうものの、実質上はおれが采配しているのだから勘弁してくれ」と答える。これを聞いて岩田も引きさがる気になったという。

児玉の下手な商法

東光公司の水田光義といえば、当時の上海ではあくどい商法で知られていたようだ。のちに水田はなにものかに殺されるのだが、岩田によると、水田の商法はいわゆる上海商法であった。児玉から品目の依頼がくると、水田はそのリストに載っている品々をまず買い占める。当然それらの品の値があがる。高騰したころを見はからって、恩を着せながら水田は児玉に売りつける。児玉はなにも知らずに高い品物をつかまされる、というわけである。

「水田光義を相手にしていたころの児玉誉士夫はまだ支那大陸ではコドモだ。笹川良一さんからの依頼があっておれが協力し始めてから児玉もかなり支那の事情がわかり変わってきた」

と、岩田は語る。昭和十八年に入ると、この児玉の下手な商法にたいして上海の海軍経理本部から文句が出た。本省から大橋中佐という経理部長が視察に出向いて来るということになって児玉もあわてた。いわゆる児玉機関の経理を担当していた小田原某がやってきて、なんとか切り抜ける方法はないだろうか、と言う。

「児玉君を連れてこい」

と、岩田は答えた。やがて児玉誉士夫当人が姿を現わし、よろしく頼むと頭を下げた。

「よし。笹川（良一）さんから電話があったことだし、力をかそう。そのかわり、これからは、おれの言うとおりに動いてくれ」

そう言うと児玉は「はい」と殊勝にうなずいた。そこで岩田が伝授したのは、倉庫に保管した資材をあらかじめ半分に減らしておき、このように品薄だ、高くなるのもやむを得ない、不満ならいまの役をいつでも辞めさせていただきます、という開きなおった方策であった。

「倉庫をみんなひらいてみせるんですか」

児玉は不安な面持ちだったが、このばくちは成功した。上海にとんできた大橋中佐は倉庫を見せられて、これじゃ仕方がないな、と黙って帰って行ったのである。

朝日新聞社社機の果たした役割

もう少し岩田幸雄のはなしを聞こう。そこには私どもの知らない児玉誉士夫の過去や、上海という土地の持つ独特の雰囲気が浮かびあがってくる。

昭和十八年には、前に述べた〝水田光義殺害事件〟がおきている。これについて岩田は、

「はじめおれは、辻政信(当時陸軍中佐)がやらせたのだろうと思った。辻は純粋な正義漢だったから、水田商法の悪い噂を耳にしてかれを消してしまったのだろうと推測した。だがよく考えてみると、水田商法のからくりを知っているのは、ごく内輪の者ばかりだ。

辻の耳にまではとどかないだろう。そうなると水田をやったものは、児玉に近い人間ということになる。しかし、おれはその考えを捨てたね。児玉には人を殺すだけの度胸はないよ。人を殺すということは、たとえ配下にやらせるとしても自分で手をくだす以上の度胸が必要なんだ。ただし、水田光義が殺された日から、児玉のところに出入りしていた〝鈴木〟という男が姿を消した。こいつが犯人かもしれない。〝鈴木〟は戦後になって北海道で死んだと聞いているが、いまもって私には〝水田殺し〟の真犯人はわからない」

と言う。児玉機関が好成績をあげたのは昭和十八年の末までであった。翌十九年に入ると、物資は集まってもそれらを内地まで運ぶ手段がない。十九年の末から二十年のはじめにかけては、更に岩田が協力する〝児玉機関〟には一億七千万円くらいの手持ち資金があそんでいたという。岩田は東京の本省にたいして、

「金はもう送るな。そんな金があるなら、内地ですでに廃坑になっているモリブデンやタングステン鉱山の再開発にあてたほうが賢明だ」

と意見具申したことがある。しかし、ときすでに遅く終戦となってしまった。のちに辻嘉六さんを通じて日本の保守党創始のときの資金にされたといわれるダイヤモンドやプラチナはどのようにして運ばれたのか。以下は、少し長くなるが、岩田が語る真相である。

「終戦八月十五日の前日に、私は、朝日新聞社の飛行機を使って、めぼしい物資だけを内地に送った。児玉機関からは高源重吉《こうげんじゆうきち》（最高幹部の一人）が同乗した。指揮官は志村参

謀（海軍中佐）だったと思う。なぜ朝日新聞社の社機を選んだかといえば、終戦と同時に軍用機は使えなくなり、朝日新聞社の飛行機の胴っ腹には緑の十字が描かれてあるのでそれだけが〝救いの神〟という気持であった。むしろ離陸するまでが心配だった。あちらでは金条という金の延べ棒、プラチナ、ダイヤモンド、ヒスイなど、軽くてしかも値のはるものを選んで載せたのだが、なにしろ積み込みすぎて飛行機が浮きあがるかどうかが問題だ。高源重吉などは〝車輪が折れる〟とわめいていた。……それらが戦後の政党結成資金になろうとは、夢にも思わなかった」

岩田はもう一つ別のことで、児玉にしてやられた、裏切られた、と感じていることがあるらしい。戦後三十余年のいま、この老人は述懐するのである。

「それよりも、おれには口惜しいことがある。おれはおれなりに金を貯めて内地に送っていたわけだ。ところが、その後南支那海の海賊島（嵊山列島）の村長をやったりしたのち護送されて上海の戦犯収容所に入った。そのころ、ソ連のタス通信が『岩田幸雄処刑さる』というニュースを流したらしい。それを聞いた児玉誉士夫、吉田彦太郎、高源重吉の三人はおれが送金していた金を使ってしまったんだよ。終戦直後の金にして数百万円はあったと思う。こっちがようやく内地の土を踏んだときは、すってんてんの裸にされていた。返せと言ったって返すような相手ではないからね。そういう事情を知って気の毒に思ってくれたのが、笹川（良一）さんだった。一緒に事業を始めないかと誘われ、それがこのモーターボートの競走事業になった。人間の縁というものは、いちど結ばれるとなかなかに切れないものだね。よかれあしかれ、それが人間の社会というものかもしれないねえ」

という。縁は不思議なものだというのは真実の気持だろう。報恩の念を持たなければならぬ者たちが、逆に裏切ることもある。しかしもうおれは恩怨を超えた境地に遊ぶ老人になったと岩田は言う。しかし義理人情、縁は異なもの味なもの、という日本人のあいだでは、人脈や派閥は重要な役割を果たす。この笹川良一、岩田幸雄、児玉誉士夫を軸とする戦前人脈は戦後も生きており、糸山英太郎にまでつながるのである。

3　灰色高官と児玉の接点

山口淑子《よしこ》、高峰三枝子《みえこ》と上海

美と醜、清と濁がこんとんとして同居していた上海という土地は、それだけに妖《あや》しい魅力をたたえていたらしい。戦前にいちど上海で暮らした人たちは、その思い出や人脈が忘れられないという。歩兵二等兵として中支派遣軍の上海報道部に勤務し、中華電影の検閲にあたった辻久一（姫路高・東大を経て映画評論家。のち映倫審査委員）は、昭和十四年から二十一年まで上海に住んだ。あなたにとって上海とはどのようなところかとたずねると、辻は、

「第二の故郷、というのでしょうか。いま私に、パリに行くか上海に行くかときかれれば一も二もなく上海と答えるでしょう。単に思い出深い都市というばかりではない。私に西欧文化の眼をひらかせてくれたところです。当時の上海には世界のあらゆるものが集まっていた。そこで私は、英・米・仏・伊の先進国を肌で知りました。終戦後、日本へ引き揚げてくるときも占領下の日本での暮らしに不安は持ちませんでした。なぜなら、上海という都市そのものが各国に占領された姿そのものだったからです」

と答えている。映画界といえば、山口淑子《よしこ》こと大鷹淑子参議院議員も満映所属の女優〝李香蘭〟として上海にはなじみ深い女性である。当時上海に住んでいた人たちのはなしでは、李香蘭の北京語の発音は中国人よりも正確で美しいといわれたそうだ。この李香蘭に夢中になった一人が、当時肩で風をきって歩いていた某高級参謀であった。李香蘭が上海に来るとなると、前日からそわそわして落ち着かない。

「料亭を用意しておけ」

と、部下に命じて「東悟」に席をとらせる。そのころ上海では「六三華園」、「六三亭」、「月廼家」、「東悟」の四軒が一流料亭といわれていた。その一軒の座敷に坐って高級参謀

は李香蘭を呼び出すのだが、当人は、「あんな軍人、大嫌い」と公言して、姿を現わさない。たまたまその料亭に放火事件が発生し、世間では、あの高級参謀が、はらにすえかねて料亭『東悟』の建物に火をつけて焼いてしまったのだ、火つけの原因は〝恋の逆恨み〟だとおもしろおかしく噂されたという。この高級参謀は戦後の一時期に児玉誉士夫とつながって政界で活躍したが、いままた大鷹淑子が政界に登場しているのを見るとやはり、上海はまだ生きている、という感が深い。

女優といえば高峰三枝子が鈴木健二という男性と知り合ったのも上海である。太平洋戦争がいよいよ敗色濃厚となった昭和十九年の秋、高峰三枝子は支那派遣軍の慰問旅行の途中で上海に立ち寄った。このとき案内役を買って出たのが鈴木健二だったといわれる。

鈴木は、里見甫《はじめ》（里見機関の主）の経営するキャバレーでドアマンとして働いたり、ぶらぶら遊んだりしていた男であるという。川喜多長政（当時、華中電影公司社長）から映画俳優にならないかと誘われるほど色白の美男子であった。ほんとうのところは高峰三枝子の告白をきいてみなければわからないが、〝上海人脈〟の噂話によると、高峰はかれと知り合って数日のうちにとくべつな仲になった。いい男にはあきているはずの高峰三枝子がつい誘惑にのったのは、やはり上海のもつ妖しい雰囲気と魅力のためであったろうという。はたして一年たらずで二人の結婚は不幸な結末をむかえた。にもかかわらず、いつか私はある雑誌のアンケートを読んでいて、

──いまあなたがいちばん行ってみたいところは?

という問いに高峰三枝子は「上海です」と答えていたのを見たことがある。傷あととして残ってはいても、高峰三枝子にとって上海は生涯忘れられない街なのだろう。

上海の五つの人種

陸海軍武官たちのほかに外交官や新聞人も多かった。元民社党代議士の曽禰益《そねえき》は一中、一高、東大のエリート・コースを歩んで外務省に入り、昭和十一年から四年間と、昭和十八年から十九年までと、二度にわたって上海で暮らした。自伝『私のメモワール』にもその間の経緯を書いているが、かれは言う。

「最初のときは、戦争にあって戦争にあらず、平和にあって平和にあらずといわれた状況下にあった。二回目はご存じのとおり太平洋戦争の真っ最中です。どちらもたいへんなときだったが、強いていえば最初の時代のほうが勉強になった。中国人のことはもとより日本人というものを知らされたような気がします。人間とはなにかを教えてくれたといってよい。そのころ上海に住んでいた人たちは、㈠老上海とよばれて古く明治・大正のころから上海に住みついている日本人。㈡私のような外交官。㈢貿易その他、民間企業の社員たち。㈣新聞人。㈤陸・海の軍人……の五つに大別できたと思う。

ところが中国大陸の戦闘が膠着《こうちゃく》状態に陥るにつれて、ひと旗あげようとして内地から渡ってくる連中、大陸浪人たちが陸海軍のまわりに群がるようになった。ここにいろんな問題が生じる。もともとこれら五つの人種はしっくりいかないところがあった。軍人・官僚・出向社員たちは長くて五年、早ければ二、三年で他の土地へ転じていくのだが、〝老上海〟は上海の土になって死んでいこうという人たちだから考え方に根本的な相違がある。そういう様態のところへ、〝ひと旗組〟や〝大陸浪人〟がなだれ込んだのだからたまらない。ものの値段だってそうです。まっさきに値上がりしたのは人力車の料金だった。

少しでも上海で暮らした者なら人力車に〝言い値〟で乗ることはしなかった。かならず値切るというのが習慣です。ところが軍人相手の女給たちが上海に押しよせてきてからというもの、彼女たちは景気がいいものだから、気前よく車夫にまで金をばら撒《ま》く。一事が万事そうだから、上海を生活の場にしている人たちは、ああいう人種は入れるな、追い出せという苦情を領事館あたりに持ち込む。ついに〝渡航制限令〟の類いをつくってむやみに往来できぬようにしたこともあったが、いつの場合でも抜け道はあるものです。軍の〝御用達〟つまり××機関と呼ばれるものの嘱託という肩書をもらえば、フリーパスで出たり入ったりできる。児玉誉士夫などもそのくちだったのだろう。あれなんぞは気が狂ったような軍人に踊らされた人種だ。そいつらが戦後の日本の政治に大きな影響をおよぼしたのだから、とんでもないことです。ロッキード事件をまたとないチャンスとして、ここらでその〝残影〟を消し去らねばいけませんよ」

こういう話を聞くと、ひとくちに上海といっても〝よき時代〟と〝悪しき時代〟にはっきり区分されることがわかる。もっとも中国人側からすれば屈辱の歴史であり、なべて〝悪しき時代〟である。児玉誉士夫たちが登場してくる末期はとりわけひどい時代であり、やがては南京大虐殺にまでつらなる日本人として恥辱の時代であったといえよう。

〝利用された〟新聞人・ジャーナリスト

新聞人や国際ジャーナリストの活躍ぶりは前掲の『上海時代』（松本重治著）に活き活きと描かれているが、当時上海には『朝日』『毎日』『聯合』『電通』『国通』の各支局のほかに地元紙として『上海日報』『上海毎日』『上海日日』などがあった。白川威海（朝日新聞社主筆、電通顧問などを経て現・朝日新聞社社友）が朝日の上海支局長をつとめたのは、昭和十二年から十六年十一月までの五年近い期間である。白川はニューヨーク支局長から大阪の経済部長をつとめたのち、上海に赴任した。

「ニューヨークから上海というコースは他社でも同じような例が多いらしく、たとえば三井銀行の佐藤喜一郎さんなどもニューヨークの時代にあちらも支店長としてともに暮らし、私が上海に行くとかれもまた上海支店長になっていた。佐藤さんとは一高、東大も一緒だったから奇《く》しき縁です。大使館や三井・三菱などには一高やら東大の同窓生がたくさんいた。当時、朝日の上海支局は六、七人の陣容でした。最初はそれだけの人数で南京や漢口あたりまで取材していたが、そのうち戦争がはげしくなるにつれて、南京・漢口・広東にも支局がつくられました」

と白川老人は述懐する。この元上海支局長に会えばとりあえず橋本登美三郎の上海時代をきかずばなるまい。橋本登美三郎はすでに上海で児玉誉士夫と知り合っていたのかどうか。

「橋本君は昭和十三年に札幌支局長から上海支局の次長として赴任してきました。だが上海在住は一年あまりで、やがて南京支局長となって前線へ出ていった。ロッキード事件のとき、橋本のトミは上海で児玉となにかあったのではないかという噂が立ったようだが、これは、上海在住の時期からみてトミの潔白が証明できる。トミがいたころ、児玉はまだ上海に来ていなかったし、児玉機関が勢力をのばし始めたころはむろん、橋本君は上海にいなかった」

という。同じ上海にゆかりがあるといっても、暮らした時期がちがうらしい。児玉が岩田幸雄の助力を得て勢力を強めるころ橋本登美三郎は内地に帰り、一年くらい朝日新聞社の東亜部次長をつとめたのち、昭和十六年秋には大阪本社の通信部長になっている。

朝日の上海支局が他社にない特徴を持っているとすれば、それは飛行機を使用することであった。白川老人によると、

「朝日は海軍と仲が良かったので、海軍機と同機種〈ダグラスDC・3〉らしい）の飛

行機を海軍に頼んで購入してもらい、その胴体に朝日のマークをつけた。戦局が逼迫《ひっぱく》してくると微妙なニュアンスをふくんだニュース記事は電報では送りにくい。やがては航空機万能の時代に入っていくのだから、定期航空路を確保しておこうという先見の明があった。日本へとぶ航路は上海・福岡間。その実現には河内という航空部長がずいぶん努力したものです」

朝日新聞社の飛行機利用は他の新聞社の記者たちを口惜しがらせた。しかしこの〝飛び道具〟がのちに児玉機関のダイヤモンドやプラチナを運ぶ役をつとめ、結果的には朝日新聞社社史に不名誉な汚点をつくったのだから皮肉である。

河内航空部長は豪傑肌で国士ふうなところがあり、笹川良一、児玉誉士夫といったような右翼人たちとも親交があった。

「お国のために頼む。ひと肌脱いでくれ」

といわれて引き受けたらしい。結果としてはほんとうに国のために役立ったといえるかどうか。朝日側の〝利用された〟という表現が正しいだろう。河内航空部長は戦後に病気で亡くなっている。

ひと旗組や大陸浪人たちは新聞社の支局にも顔を出した。右翼ふう、やくざふう入り乱れて挨拶にやってくる。

「〝なにかご用がありましたらぜひ……〟」と凄《すご》みをきかせるのだが、朝日の方針としてはこういう連中といっさい手を組まぬことにしていたので、口上だけを聞いてお引き取りを願っていた。児玉誉士夫は一度だけ〝機関の本部にする建物がほしい〟と支局に相談に来たことがある。どのような仕事をしていたのか知らなかったが、のちには二十人くらいの配下を持ち堂々たるビルに入っていた。しかし、いかに児玉でも朝日の方針にはさからえないので私たちもそれ以上のつきあいはなかった」

と白川は語っている。

ところで上海における新聞といえば、私などがすぐに連想するのは『大陸新報』である。私はその新聞を見たわけではないが、福家俊一《ふけしゅんいち》（衆議院議員）、小森武などなにかとあるごとに『大陸新報』人脈がちらちらと登場するのが気になっていた。それらはたいていの場合、政界における蔭の暗躍者であり表面に出るのを嫌うふうがある。『大陸新報』とはいったいどのような新聞であり、どのような人脈をつくっていたのか。

『大陸新報』がつくった人脈

ひとくちに言って『大陸新報』とは、陸軍べったりの国策新聞である。当時の陸軍はやがて日中戦争に突入する勢いにのっていたが、折りから国策にのっとった新聞をほしがっていた。そこで眼をつけたのが、在韓陸軍の〝御用新聞〟を経営していた福家俊一であった。福家はいわゆる〝口八丁手八丁〟の人物で、朝日新聞を口説いて後援の約束をとりつけ、『上海日報』と『上海日日』という二紙を統合させて『大陸新報』をつくりあげた。

そのころ、朝日の上海支局長をつとめていた白川威海の述懐はその新聞の性格をよくあらわしている。すなわち「朝日では美土路《みどろ》昌一《ますいち》（のち全日空社長）さんが応援して内地から輪転機を一台持って行った。われわれ上海支局のスタッフたちも一応は協力の体制をとった。しかしこの新聞は在留邦人と内地の読者を対象にしていて従来の朝・毎・読の新聞とは形式も異なる。新しく発刊されただけに右翼左翼を問わずさまざまな人物たちが出入りしてここを拠点とし、上海新聞界にチミモウリョウが流れ込んだかのような感を与えた。朝日ぜんたいとしては陸軍の姿勢や方針に百パーセント賛成していないので社内から〝『大陸新報』などという国策新聞を後援するとはなにごとだ〟と非難の声がたえず、私たちとしてはひどい目にあった」という。良識を標榜する朝日としては当然のことだろう。

まさに当時から〝チミモウリョウ〟の徘徊《はいかい》する雰囲気があったらしい。

香川県高松市に福家俊一をたずねると、しかし、この人物はいつの場合にも闊達《かったつ》である。

「ぼくが上海にいたのは昭和十年から十七年までだ。満洲でつくっていた新聞（『斯民新報』）が内地でもたいへん評判がよく、ある日とつぜん上京せいという政府からの連絡があった。すっとんでいくと外務大臣の有田八郎さんが〝おい、上海へ行って新聞を出せ〟と一方的に命令するんだ。いや奉天の仕事が残っている、と答えると、〝あれは甘粕《あまかす》（大尉）にまかせておけ〟と言う。あとで調べてみると、どうもこの命令は近衛首相から出ているらしい。当時、大陸での戦争遂行のための五相会議（首・陸・海・外・大蔵）というのがあって、そこで近衛さんが〝紙の弾丸〟として話を持ち出したのだ。こうなればこっちも男だ、受けて立とうという気になった」

と、そのときの気持を述べている。

かくて『大陸新報』が創刊されたのは昭和十四年一月一日。題字は朝日の緒方《おがた》竹虎が筆をふるい、社旗は五枚のペン先で〝大〟の字をかたちどった図柄であった。

「朝日の上海支局にはずいぶん助けてもらったなあ。橋本登美三郎君なんかにも、朝日の局次長のままの身分で、大陸新報の編集局長をやってもらった」

と福家は言う。社屋が建つ場所は日本租界の入口にあたる市内の西徳華路《シワクロ》。五階建ての大きな製菓工場を買収して一階から三階までを『大陸新報』が使用し、四階が朝日の上海支局、五階が会議室という間取りであった。福家によると、朝日の橋本登美三郎は〝自分の仕事が終わるととんとんと降りてきて、うちの新聞を手伝っていた〟そうである。

当時は小物だった児玉誉士夫

――あなたは児玉誉士夫と会っていますか。

当方の質問にたいして福家は、もちろん、と答えた。

「おれと児玉との出会いはおもしろかった。発刊して一年も経ったころだと思う。児玉がへんなやつらを二、三人連れて怒鳴りこんできた。こっちはそのときまで児玉なんて知りもしない。かれが言うのには、『大陸新報』の記事に『近ごろ得体の知れぬ日本人が上海をわがもの顔に荒らしまわっている。これは日本の恥だ』と書いた箇所がある。取り消せ、というのだな。おれは言ってやったよ。『それでは、児玉さんとかおっしゃるあなたは、自分で自分を〝得体の知れぬ日本人〟だと思っていらっしゃるんですか』と、ね。すると児玉は少し言葉に詰まった様子だったが、『きさまは日本人ぜんたいを侮辱している』と喚《わめ》き始めた。そうなれば売り言葉に買い言葉だ。あやまれ、あやまるものか、とまさに喧嘩になろうとしたとき、それまで甘粕先生の写真の顔のそばに黙って坐っていた鈴木善一（神兵隊事件の首謀者）さんが、『お待ちなさい』と静かに声をかけた。児玉はおどろいたようだが、鈴木さんがなにものなのか知らない。

そこでぼくが『キミは、この鈴木さんを知らないのか。神兵隊の鈴木さんを知らないでよく大きな顔ができるな』とアジると、児玉はきょとんとしている。おそらく神兵隊事件も知らなかったのだろう。そのとき鈴木さんが自己紹介して丁寧にお辞儀し、『児玉さんとやら……ほんとうの右翼人はそんなものじゃありますまい』と静かな、しかしドスのきいた声で言ったものだ。そのひとことで児玉はふるえあがってしまった。まっさおな顔になって唇をわなわな震わせ、やがて逃げるように部屋から出て行った。

それから二、三度、鈴木さんがいないのを見すましては訪ねてきたが、べつに用件はなかったように思う。あいつとおれとは昭和十七年総選挙の立候補同期生なんだよ。笹川良一もそうだ。おれは東京七区から、児玉は第一区から立候補して、やつは落選し、赤じゅうたんを踏んだのは大阪から出た笹川とおれの二人だったよ。したがって、やつが上海で勢力を伸ばし始めた昭和十七年から、私は衆議院議員として東京にいたため、あとのことは知らないなあ」

と、その出会いを語っている。こういうはなしからも、むかし製菓工場であった建物の中に、白川のいう〝チミモウリョウ〟が出入りしていた様子が想像できる。

福家俊一のはなしはいつ聞いてもおもしろい。おもしろすぎるのである。前述した児玉誉士夫との出会いは真実と思われるが、今回〝上海人脈〟をたずね歩いていて耳に入ってきたのは、「福家さんは『大陸新報』を自分でつくったように喋《しゃべ》っているが、じつはほんとうのオーナーは桐島さんだ。育ちの良い人物だから福家にうまくしてやられたのだろう」という声であった。私はこの言葉が真実かどうかはわからない。しかし『大陸新報』の人脈をもっとよく知りたいと考えた私は、その〝キリシマ〟なる人物を捜した。やがてつきとめた桐島竜太郎は八十四歳（昭和五十三年現在）でなお矍鑠《かくしゃく》として横浜市内の公団住宅に健在であった。桐島家は三菱の岩崎家の大番頭をつとめた名家で、桐島竜太郎はその三代目にあたる。戦後は明治屋クッキングスクールの校長をつとめ、そのときも週に

二、三度は東京の明治屋に出かけるということであった。たずねてみておどろいたのは桐島竜太郎がほかならぬ評論家・桐島洋子の父君だという事実であった。これぞ人脈といおうか。人と人とは思いもかけぬところでつながっているものである。

むかし『大陸新報』のオーナーであった桐島竜太郎の回顧は、さらに新しい人脈を教えてくれる。

4　上海が生んだ金銀交換の法

桐島竜太郎・福家俊一の関連

桐島のもとに福家俊一が現われたのは昭和十三年のはじめであった。

福家についてはそれより以前、満洲国総務部次長の古海忠之（元東京卸売りセンター社長）から「甘粕正彦に紹介された若いものだが、なかなかおもしろいところがある。面倒をみてやってくれ」といわれていたので、桐島はこころよく会った。顔を合わせると福家は新聞の発行に協力してほしいという。桐島はおもしろいな、と思った。

当時桐島の勤務先は東京海上火災である。べつに不満はないがどうも内地はしだいに窮屈な世の中になっていくようだ。いっそのこと、まだ自由の残っている上海を根城に仕事をして、その力を満洲へのばしていくのもおもしろいではないかと考えた。むろん、新聞社経営にも興味がある。

「とりあえず上海から満洲を見てきてもらえませんか」

と、福家が言う。桐島はその誘いにのって上海、青島《チンタオ》、北京などを回り、福家とのはなしを具体化させたのは昭和十三年の五月であった。「資金は私がほとんどまかなった。いったい日本からいくら持っていったのか、くわしい金額は忘れたが、現在なら〝億〟の単位だ。私名義の財産はほとんど上海に運んだ」と桐島は述懐している。事実上はオーナーだが、しかし、そのことを名乗って肩書に入れないところが桐島らしい。出資者としてのんびりやろうという気持だったようだ。

「福家は編集にはいっさい口を出さぬ。ただし軍人をだきこむのはうまかった。連日陸軍の連中を料理屋に招待しておだてあげる。軍人のほうもまたおだてにのりやすい。『先日、東京の参謀本部で○○閣下にお目にかかったら、あなたのことをこういって褒《ほ》めておられました』などというと相好をくずして福家の言うことを聞くようになる。かれらのかんどころを握る技術は、見ていて惚れ惚れするところがあった」

と、桐島は言っている。

『大陸新報』の編集は最初のころ朝日新聞社から派遣された記者たちがたずさわっていた

が、報知新聞を退社した春山泰雄（のちに日刊スポーツ編集局勤務）が配下を連れて乗り込んでくるにおよんで、報知系スタッフが主導権をにぎるようになる。つぎに日本からやってくるのが戸叶《とかの》武・里子の夫妻である。

桐島竜太郎から聞くまで私は、のちに社会党代議士となって活躍する戸叶武・里子夫妻が『大陸新報』とゆかりがあるとは知らなかった。桐島によると、戸叶夫妻は、朝日の橋本登美三郎に招かれて上海にきたものだという。

こうなるといま現在、児玉→福家→橋本→戸叶夫妻という人脈によって、かれらが都内某所で顔を合わせていたとしても少しも不思議ではない。ひとの縁はどこでつながっているのかわからないのである。

人脈はさらにうねうねとつづく。戸叶は『大陸新報』にやってきたものの政治家になるくらいだから、なかなかの演説好きであった。会合があると同席者がうんざりするくらいえんえんと演説をつづける。こういうところが福家の性格と合ったらしく二人で演説をぶつ。これでは聞かされているほうがたまらない。

「せっかくつくりあげたムードがぶちこわしだよ」

というようなことで、報知系編集陣はいやになって東京へ引き揚げてしまった。けっきょく残ったのは徐州の支局長となった春山泰雄くらいのものだったようだ。

『大陸新報』は〝チミモウリョウ〟の類いだけではなく学究の高橋正雄（九大教授）をも

その人脈のなかにひき入れ、それは大内兵衛、美濃部前都知事、小森武と人脈はつらなっていく。高橋を上海に呼んだのは、ほかならぬ桐島であった。桐島竜太郎は言っている。

「高橋さんは私の家との奇妙な縁で入社された。むかし桐島家の書生をしていた人物が司法官となって人民戦線事件の予審判事をつとめた。そのときにかれは有沢広巳教授の人格識見に接して感動し、このような才能をこの非常時に放っておくのはもったいない、上海へ連れていけばじゅうぶんに力を発揮できるのではないか、と考えて私のところへ相談があった。こちらも『大陸新報』を創刊してまもなくだったので、すぐに有沢教授に連絡すると、一週間前に知人の紹介で新しい就職先をきめたばかりだといわれる。私はおことわりするしかないが、いまだに職がきまっていない高橋君の面倒をみていただけないだろうか、と言う。そこで、有沢教授から高橋さんにおはちがまわって、上海に来られたわけです」

まことに人生の縁はどこでどうなるかわからない。高橋正雄が上海に渡ったところから、戦後の都知事選に〝小森武〟が登場する縁ができる。

美濃部《みのべ》前都知事の蔭のブレーンも……

私が小森武の名をはじめて知ったのは、美濃部前都知事訪中に際して自民党首脳（保利《ほり》茂）の親書を運んだという、いわゆる〝日中親書事件〟ではなかったかと思う。美濃部前都知事が裏で自民党と結びついている印象を与えたこの事件は、その介在者として、〝小森武〟の名をはじめて世に伝えた。小森は美濃部前知事の蔭のブレーンであったという。『大陸新報』出身の経歴があって自民党系の人たちにも知己が多いらしい。私はどのような人物なのか興味を抱いて新聞や雑誌の記事を期待したが、小森武はマスコミ嫌いらしく、続報はほとんどなかった。いまもって私には、ナゾの人物という印象をぬぐえない。

桐島竜太郎に語ってもらうと、

「当時の小森君は編集局内ではチンピラのようなもので、いたのかいなかったのか、どのような仕事をしていたのかも記憶にない。『大陸新報』に来るまでの前歴が野依《のより》秀市の『実業之世界』にいたのだというから、まあ相場はきまっているといえよう。小森君が戦後に蔭の実力者といわれるようになった発端は、高橋正雄さんにくいついたことからだ。かれは高橋さんを通じて大内兵衛さんはじめ経済学者たちに縁をつけた。美濃部さんもそういうグループの中に入っているところから小森に利用されたのではないか。私は美濃部さんを心情的に応援したい一派だが、小森君のような男を周囲においたのは美濃部さんの失敗だったと思う。

とにかく上海時代の小森君はのちにいわれるような実力もないし影響力もなかった。終戦後に『大陸新報』の経歴と体験をじゅうぶんに活用した人物だろう」

という。児玉誉士夫から始まって福家俊一→橋本登美三郎→戸叶夫妻、さらに小森武→

美濃部前都知事と紹介したこの『大陸新報』人脈はまだまだ奥が深いようだ。しかしいったんことあれば、ちょっとした誘い水によって都知事と児玉誉士夫が顔を合わせるのではないかという想像は、まんざらばかにできない。人脈とはそういうものである。それはなにも政治のはなしを中心にした会でなくてもよい。〝思い出の上海の会〟……それだけの名称ですむのである。

桐島家が住んでいたところは、ガーデンブリッジに近いブロードウェイ・マンションであった。この建物は当時ではめずらしい二十階建てで、日本人の商社の支店長、外交官といった一流人種が住み、ときに応じて互いに情報交換をおこなった。桐島家は通称〝桐島サロン〟と呼ばれていたらしい。当時は階層にしたがって上海のあちこちにこういう〝サロン〟があって、さまざまな人脈をつくりあげたものと思われる。

上海体験者の特異な金銭感覚

阿片常用者を相手にして謀略資金を稼ぎ出していた「戒煙公司」こと里見機関、あるいは影佐機関。いま都内で開店する中国料亭「留園」の経営者の経歴……等々、興味ある事実や人脈がぞくぞく出てくるが、それらはべつの機会に述べよう。人脈とは関係ないが、私たちスタッフが取材していておもしろいと思ったのは当時の上海における貨幣価値の感覚であった。はじめて上海にわたった者は毎日のように変わる為替ルートにおどろく。一日といわず時間によって変わる。買い物に出かけて帰ってくるころはもう変わっている。上海の商人たちはこれを〝エブリ・ミニッツ・チェンジ〟といったそうである。

こういう話を聞くと私などは終戦直後のインフレを思い出すしかないが、とにかく想像ではわからぬほどの価値変転の毎日毎時間であったらしい。秒きざみで政治的状況も変わるが貨幣価値も変わる。その間に隣りの人がテロで倒れ、謀略機関が跳梁《ちょうりょう》する。すれちがう人間たちは顔の色がすべて異なる。こうなると上海で暮らすことは、つねに変転して油断できぬ戦場で、自分の身を守り生活していく方法を訓練しているようなものである。裏も表もありはしないのだ。時の流れを敏感にとらえて対処していかなければならない。

「上海できたえられて日本に帰ってくると、内地に住む日本人が単純な子供にみえて、なにをするにも、赤子《あかご》の手をひねるようなものでした」

と語ったある実業家の言葉が忘れられない。実業家のみならず上海体験者が〝ひとまわり大きくなる〟といわれたのはそのへんに原因があるだろう。上等な国際感覚も養われるが、いっぽう志低ければ、人の動かし方や金の使い方だけに長じて帰ってくる。

〝エブリ・ミニッツ・チェンジ〟の為替レートから財産を守るため、上海で暮らす人間たちは貨幣を金や銀、プラチナやダイヤモンドに換える考え方が身についた。上海人脈の一人は、「貧しい人にまで金銀交換の生活法がいきわたっていた。私のうちで使っていた女中は給料が少しでも溜まると、〝すみません。きょうは銀の相場がさがっているから、少し時間をください〃といって買い物に出かけていく。やがて帰ってきたのをみると、貯金をぜんぶはたいて銀の腕輪に換えてきている。万事そういうふうでした」

と、語っている。児玉誉士夫や里見甫が、終戦の直前にダイヤモンドやプラチナを運んだ背景もここにある。悲惨な歴史を刻んだ中国人の生活の智恵もあるだろうが、上海という都市はひときわ変転きわまりない社会であった。

このような場所で青春期をすごして、世の中・政治経済を肌で感じてきた人間が焼け跡の日本に立ったらどうなるか。〃占領下〃の日本はまさに上海を思い出させる環境であったろう。児玉誉士夫もそういう一人であったにちがいない。

二十八歳で上海へ渡った男

児玉が上海にむかったのは昭和十四年の三月十七日。二十八歳のときであった。それまでのいきさつについては著書『風雲』にくわしく書いている。三月初旬ごろ、当時外務省の情報部長であった河相《かわい》達夫から上海と漢口視察旅行の随行をさそわれ、上海では「役人らしくない人物を紹介しよう」といわれて副領事の岩井英一に紹介される。

「この岩井さんは、上司の河相氏からとくに信頼されており、東亜同文書院（在上海、日本がわの経営）出の支那通のひとりであった。この人、どじょうひげをにょろりと生やしていながら、人なつこい瞳をした、見るからに大陸的風ぼうの大人《たいじん》だった。当時、岩井さんの身分は副領事だとはいえ、外務省情報部と直結する『特別調査班』という上海の出先機関の指導者でもあったのだ。この特別調査班は、東亜同文書院出身のわかい人たちによって構成され、現実の中国を、根本的に研究して、思想および経済などあらゆる面から調査し、解明し、把握することがその主たる仕事であった」

と、児玉は副領事の岩井英一について書いている。のちに児玉はこの岩井の「特別調査班」のもとで育つことになるのだが、最初の上海行きの目的はかれの著書によると、陸軍参謀本部から「香港に潜入して、ハノイから香港にはいる予定の汪兆銘を、厳重護衛せよ」と秘命を受けたことにある。「参謀本部に自分を推せんしたのは、いわゆる『汪兆銘工作』に関係していた外務省の岩井英一氏や、白鳥敏夫駐伊大使の門下、高瀬侍郎氏などであった」という。そこで「日本塾」の者たち十三名をもって〝捧皇隊〟と名づける秘密の組織をつくり香港に潜入するはずであったが、途中で汪兆銘の行路に変更があって上海に行くことになるのである。

「三月十七日。夜来の雪も止み、飛行場は日本晴れの快晴だ。午前六時半立川離陸。（中略）上海を空から見度いとは予ての念願なので、上海付近に近づいたら起きる事にして眠ったのだが、どの位眠ったか知らんが、ドーンという音に目を覚ましたら大場鎮飛行場に着陸してゐる始末、副領事の岩井先輩が迎えに出てくれて、直ぐ車で租界に向う。途中は悉く戦場の跡で、破れたトーチカや赤い水のクリークが次々と眼前に展開する。（中略）

程も無く大場鎮陸軍農場に掛り、兵隊が軍服姿で土民を使役しながら畠に牛を引いて居るのを見る。此の辺一帯丈は畠の野菜もよく伸びて、菜種の花が一面に咲いている。……軍服に牛ひく春や新戦場……」

とかれは初日を日記（『上海行』）に書きとめている。二十八歳の児玉としては勇躍して新天地に来たような思いであったろう。「軍服に牛ひく春や新戦場」とうたった句にそういう気持がにじみ出ている。

到着したものの汪兆銘の身辺護衛は憲兵たちでこと足りるという結論であったという。「われわれ『捧皇隊』の必要性もうすくなったかんけいから、これを現地解散ということにして、それぞれ日本に帰ることになった。ただじぶんにたいしては、参謀本部の命令で、南京総司令部の嘱託をかね、現地において汪政権の樹立にかんする任務にたずさわるように——ということで、そのまま大陸にとどまることとなった。さきに述べたとおり、じぶんはそのころ外務省の嘱託をもかねていたため、副領事の岩井英一氏の担当する「特別調査班」ともかんけいをもつにいたったので、中国にたいする各種の研究とか勉強も、ここでみっちりやることができた」（『風雲』中巻百十二ページ）とかれは、上海に残ったいきさつを説明している。

このころ児玉は内地の先輩にあてて手紙を書いたが、その一つは著書『獄中獄外』に集録され、のちには作家の林房雄を感激させるにいたる。支那・上海事情を伝え、日支間の

将来を憂うる、さながら若き国士の面目躍如とした文面である。その一部をちょっとご紹介しておけば、

「……目下、上海に於て岩井副領事や其の他の同志、又、我々の同志に依っても、日支青年の合作になる新しき民族運動、興亜運動が起りつつありますが、本当の事を申しますと、日支青年が何れの点に於て一致点を見出すか私は困って居ります。（中略）殺し合ってきたものが、和合血盟するには、即ち、共通する理想が無ければなりません。理想は、大御心を真に顕現する事に於て、其の精神を中心とした新東亜の建設と謂う風に、解決されると致しましても利害の点に就いては如何に——是れも亦、民族を超越し有色と白色の種族の闘争、即ち共同の敵を作る事に仍って一致して行くにしても、然らば、今日の日本が此の理想を充分に使い分け出来る自信と決意が有るか、それ丈の政治勢力が有るかと謂う様に考えてきますと、前途実に多難の感を深く致します。然し又、私共の此の運動こそ日支の一致点を見出し、日支打って一丸とする大精神を興す導火線とならねばならぬと思って大いに努力いたしております。（後略）」

とある。つたない文章であるだけに、そこには、少しつまさきだった、なんとか真の国士たろうとする児玉青年の純情さがただよっているようでもある。

その後の児玉の『上海・香港＝昭和十四年』の日記をみると、しきりに副領事・岩井英一の名が登場する。同時に、武井龍男という名も出てくる。たとえば五月十八日には冒頭

に「午後三時、無事大場鎮飛行場着、今宿に着きました。出迎えは毎度ながら領事官の武井君です。実に真面目な友人です」とある。

私はこの両者がいまも健在かどうかを調べた。岩井英一は児玉も書いているように「特別調査班」の長であり、岩井機関あるいは岩井公館の主であった人物である。武井龍男はその秘書格といってもよいだろう。そのどちらも健在であることをつきとめたとき、私は、冒頭に紹介した西荻窪の、ひょろりとした松の木の生えた石塀の邸にたどりついていた。

5　利権をあさる偽愛国者たち

過去を持つ人間の都

この西荻窪邸の主こそ、上海の情報網をつくりあげ、興亜建国運動をおこし、児玉たちを育て、上海に知らぬ者のなかった元副領事の岩井英一である。松本重治は『上海時代』のなかで、「岩井君は、私が記者として上海に赴任して以来、大使館情報部勤務の事務官であり、三年余も、毎日、情報の交換をやっていた仲であり、中国語も巧みで明朗な性格をもち、情報関係の仕事で中国側の『情報屋』とも少なからず連絡をもっていた」と書いている。しかし終戦後これまでかれが口をひらくことはなかった。私が会ったとき七十六歳(昭和五十三年)。眼の前に現われた岩井英一は松本の説明にあるとおり、眼は鋭いが、にこやかで大らかなひとであった。

「岩田のゲンちゃん(冒頭に紹介した幸雄氏。ゲンには〝幻〟の字をあてるという)の紹介だというのでお目にかかる気をおこしましたが、おそらくは私の略歴についての正確なところは、ご存じないだろうと思います。そりゃ、ゲンちゃんからもいろいろ聞いてこられたことでしょうが……いや、誤解されると困るんだがゲンちゃんの言ったこと、話したことが間違いだとか嘘だとかいうのではないんです。そうだなあ、なんと言ったらいまの若い人に理解してもらえるだろうか。

ざっくばらんに言いますとね、おおよそ、あの時代に〝上海〟を舞台に〝なにか〟をやっていた人間たちはみな、他人には言えない〝部分〟を持っていたんですよ。それがあるからこそ上海へ行ったともいえるし、なかったら上海なんぞへ行かなかったかもしれない。つまりギリギリのところに立たされた人間が、ふっと行く気になるところが上海だったんです。

だからだれしもが他人にたいして寛容になっている。同じ運命のもとに上海に流れてきたというような気持を抱いている。それだけに前歴を問うことはタブーなんですよ。どこの生まれでどこの学校を出たかぐらいは問わず語りに喋るでしょうが、かんじんのところになると、ぼかしてしまう。ほんとうのことは本人しか知らないのです。

しかし、こうやって年月が経ち、四十年もむかしのことになると、その当人すらもほんとうのことを忘れてしまって、嘘のことを平気で言ったり書いたりする。児玉（誉士夫）の書いた本や、福家俊一の書いた本などその典型でしょうな。

……いや、挨拶もそこそこにへんなところへ脱線してしまいました。お気を悪くなさらんでください。私はあなたがこれまで聞いてこられた話がすべて間違いだというのではありません。が、お書きになる場合は、そういう点をじゅうぶんに頭に入れておいていただきたいのです。でないと、とんでもない〝上海〟ができあがってしまいますよ」

と、ゆったり口をひらいた、上海を知るこのひとでなければ言えない言葉であろう。

「とんだ前置きを申し述べたばかりに、私もほんとうのことを喋らざるを得なくなったようです。私はことしの八月で七十七歳になります。墓場まで抱いていかねばならぬ秘密を握っているわけでもないし、そろそろ口が軽くなってもいいころでしょう。きょうはなんでも喋りますよ」

そう言って岩井英一は自分の略歴からとつとつと語り始めた。聞くにつれて私はひき入れられて席を立つのも惜しいくらいであった。時代の流れ、裏面の絡みをふくめて、これまでに明かされたことのない内容は、さながら一冊の近・現代史である。ぜひとも本にして残しておいていただきたいと思う。

ロッキード事件の根は上海に……

「私の上海時代は三つの時期にわかれています。一は東亜同文書院在学時代。二番目は、昭和七年から昭和十一年五月まで。三番目は昭和十三年二月から昭和十九年十二月までです。私の人生における上海とはなにかということになれば、私のすべてである、というしかない。やりたい放題、したい放題のことをやった。しかも、それに日本の運命がかかっていた。余人に、私ほどの人生、つまり上海時代があったろうかと思う。たとえば児玉はどうか。もちろん私以下でしょう。福家はどうか。断じて、私以下です。里見はどうか。許斐《このみ》(氏利＝元東京温泉社長。上海で、ゴロつき、浪人たちにも一目置かれた)はどうか。ゲンちゃんはどうか。吉田彦太郎はどうか。全部、ノーです。なんとなれば、かれら全員、私がカネを与えて使っていた人間たちだからです。……少し激しい口調になりましたかな。でも笑ってくださいよ。この年になっても私は、上海のことになると熱っぽくなってしまうのです」

岩井英一は名古屋で官吏の息子として生まれ、愛知一中(現・旭ケ丘高校)を経て上海にとび、東亜同文書院に学んだ。卒業して外務省に入り、いったんは東京の本省に勤務。長沙に派遣されてふたたび東京に帰り、昭和七年に上海公使館に赴任。情報収集の必要性を説いて自分が主軸となって情報部を設置した。初代部長はのちに〝須磨情報〟として有名になった須磨弥吉郎である。このころ岩井が上海で会った〝浪人〟のなかには、戦後に熊本で発生したネズミ講の黒幕といわれる西村展蔵もいたという。

時代を岩井機関創設のころにとばそう。

いわゆる岩井機関は、岩井英一が重光葵《まもる》の手を借りて上海領事館につくった情報収集のための〝機関〟であった。ここに児玉誉士夫はやってくる。

「この種の機関は、カネと時間をかけないとほんとうの仕事はできないものです。ところが当時の情勢からすると時間の余裕はないから、おのずとカネを多額に使うようになる。私どもが使うカネを目当てに内地からぞくぞくと人間が集まってくる。砂糖に群がる蟻《あり》といっては語弊がありましょうが、ま、そんなところです。その〝代表的な〟人間が児玉誉士夫でしょうね」

と岩井は、言う。やはり児玉誉士夫はカネ目当てに上海に渡ったのか。私がそう考えていると、岩井はつけ加えた。

「私はいま〝代表的〟という言葉を使った。あなたは字句どおりに受けとめられただろうと思う。しかしそれでは児玉がかわいそうだ。私が使った〝代表的〟という意味には、じつに複雑な思いがこめられている。それを汲《く》んでいただきたい。……当時の日本人が内地で受けていた教育というものは、じつにお粗末なもので、日本が、天皇が、世界の中心にあるような観念につらぬかれていたのです。したがって天皇の軍隊、つまり軍隊のやることはなんでも正しい、悪いのは支那人だ、蔣介石だという先入観を持つのが当然です。そういう気持で上海にやってきて、しばらくすると、自分の考えがとんでもないまちがいだったことに気づく。まず、中国人の底知れぬエネルギーというか、ものの考え方というか、そういうものに圧倒されてしまうんです。悪人たちどころではない。自分たち日本人よりも数倍うわ手の人種だということに気づく。

日本人がいかに優秀だと思っていても、それは内地だけで通用するウヌボレにすぎない。ましていわんや、児玉ていどの人間が持っている〝思想〟が通用するはずがない。中国人の偉さ、凄さ、あるいは狡《ずる》さを知れば知るほどわが身の〝小ささ〟を痛感しただろうと思います。そこで中国的な生活哲学を自然に会得した。それが児玉とか中国系日本人(岩井の造語。中国で生活した体験を持つ日本人)の後半生の生き方にはっきりとあらわれています。その第一が金銭哲学です」

たとえば児玉誉士夫が岩井のもとに現われたときは純なところがあって、当時としては大金である毎月の機密費二千円を与えても使いみちを知らぬ青年であった。せいぜい仲間に奢《おご》るか、女に使うか、それくらいのものである。ところがそれから十年もすると、資金を提供して日本に政党までつくりあげる。

「これなどは中国人流のカネの使い方です。カネの使い方に根本的なちがいがある。ロッキード事件がおきたとき、私は、これは児玉だけを責めるわけにはいかん、そう思ったものです。原因の一つには上海という風土がある」

と岩井は言う。私が予感したとおり、温床は上海という土地にありそうだ。

岩井、武井、児玉の上海での出会い

上海に来た児玉をはじめて出迎えたのは、岩井のほかに、いま柴田家の婿となって改姓し、都内に健在の武井龍男であった。柴田こと武井は拓大在学中に大川塾（大川周明主宰）に入っていたが、四年生のとき上海に渡って岩井のもとについた。児玉が上海に来たのは武井がようやく上海ぐらしに慣れたころであった。岩井の口から、

「東京から児玉という、思ったことはなんでもやる男が来る。飛行場までおれと迎えにいってくれ」

といわれ、「ほかの者では駄目だから、きみが面倒をみてやってくれないか」と命じられた。以来、武井はやむを得ず児玉誉士夫という青年をつぶさに観察することになる。岩井英一のはなしをしばらくおいて、六十歳を越えた、この直接担当者・武井（柴田）龍男の思い出を少し挿入しよう。

「翌日、飛行場で児玉に引き合わされましたが、ヨレヨレの背広に小さな手提げ鞄《かばん》を持っただけの、ほんとうに浮浪者のようななりで、想像していたよりはるかに背の低い男で

した」

と、武井（柴田）は言う。

ぼさぼさの髪にくすんだような顔で、どうみても魅力ある男とはいえなかった。おまけに挨拶のしかたがおかしい。

「相手と正対して頭をさげるのがお辞儀というものでしょう。ところが児玉は頭をさげたままずり寄ってくるんです。そして私の脇腹のあたりでわずかに頭をあげ、上眼づかいに私を見上げ、低い声で〝児玉です。ハイ。児玉です〟と言うんです。私は、こんな挨拶をする男ははじめてでした。ちょうどやくざが人を刺すときのような恰好で、二度も名前をくり返すのですから、そのとき私は思いましたね。ああ、こいつはたいへんなハッタリ野郎だな。ほかのやつはだまされてもおれだけは瞞《だま》せないぞ、と言ってやりたかった」

上海の飛行場から市街までは一時間半くらいかかる。着いてからの車窓風景は、さきに児玉本人の『日記』によって紹介したとおりである。このとき児玉が乗せられた車は岩井英一専用の領事館の車であったが、車中でかれは内地の状況を熱っぽく喋る。ところが黙って聞いていると、大川周明のことを「大川さんが、大川さんが」という。大川周明は大川塾にいた武井にとって師である。

――ハッタリ野郎だな。

と、武井はあらためて思った。児玉が大川先生と親しいのなら塾にいたとき、一度でも名前を耳にしそうなものだが、大川先生の口から児玉のコの字も聞いたことはない。

上海に入ると岩井英一は車を降り、武井は児玉を万歳館という宿に案内した。木賃宿といってもよいようなところだが、児玉はしきりに、「わあっ、いい宿だなあ」と連発し、内地ではいったいどんな場所に寝ていたのだろうと思わせる。しばらくすると、児玉は外出してくる、と言い出した。

「着いたばかりで西も東もわからんだろう」

と武井が皮肉ると、児玉は、

「いや、自動車の窓から見ていて、だいたいの様子はつかめましたから」

という。武井は、よし試してやろう、と考えた。自由に外出させてひそかに背後から尾行したのである。そのうちに武井は疲れをおぼえてきた。見ていると児玉は旅館のすぐ横を通る路をゆっくり行ったり来たりするだけで、それ以上はどこにも行かない。一時間も観察していて馬鹿らしくなった武井はひとりで旅館にもどった。待っていると、やがて帰ってきた児玉はさも遠くまで行ったような口振りで開口一番、

「上海、上海ってみんな天国のようにいうけど、まわってみるとたいしたところではありませんね」

といったものである。武井は思わずふき出しそうになるのを我慢してハナをかんだという。

児玉機関の〝暗〟の部分

こうして児玉の上海生活が始まったが、かれはなぜか単独行動をとりたがる。どうせ遠くには行かないことがわかっているから武井は児玉の自由にまかせ、岩井にも児玉の〝散歩〟のことは報告しなかった。児玉は「捧皇隊」を結成するまで幾度か上海と東京を往復したが、武井が観察するかぎり、旅館の近くを、〝散歩〟しているだけである。こいつはなんのために上海へ来ているのだろう、と武井は疑問を抱いた。考えているうちに、かれと交わした対話のなかで思い当たる言葉があった。児玉は武井に向かってこう喋っている。

「私はこれまで十回近く刑務所に行きましたが、そのたびに自分が大きくなっていったような気がします」

「十回近くといったって、その年齢ではあまり長い刑期じゃありませんね」

「ええ、五カ月から八カ月くらいの刑期ばかりですよ」

「じゃ、刑務所の中へ小便しに行ったようなものだ」

「しかし、出てくると世間の眼がちがいますよ」

「世間？」

「世間の眼ですよ。以前よりも数段ちがって、あがめてくれるんです。この自分が大きく見えるんでしょうね」

武井はこれを聞いて、ふうむ、と思った。児玉という男はもしや上海へ来ることを刑務所行きと同じに考えているのではなかろうか。そう思ってみると上海でなにかをしたいというのではなく、児玉にとっては上海に行ってきたという事実のほうが重要のようであった。

「私からみると、『捧皇隊』の仕事も同じような気持で引き受けたようにみえた。汪兆銘がどのような気持と理念をもって重慶を脱出してくるのか、そしてそれを護衛する任務がどのように重要かつ困難なことなのか、児玉にはほとんど理解できなかったと思います。岩井さんから頼まれたということ、そして、引き受けて損はない、という動物的な勘がはたらいたのではないでしょうか」

と、いま武井は言っている。武井はやがて昭和十四年十二月から昭和十八年二月まで華北に出征したのでしばらく児玉との縁はきれた。おどろいたのは、現地除隊ののち、ふたたび上海に還ってきたときであった。

「ヨレヨレの背広、小さな手提げ鞄ひとつで上海にやってきたあの児玉が、いまや児玉機関という組織の長だというではありませんか。黒塗りの外国製乗用車をおかかえ運転手で走らせてさっそうと市内を駈けめぐっている。いったいぜんたいどうなっているのだ。岩井さんにきくと、〝まあまあだね〟といってわけがわからない。

私は私自身でそのナゾをといてみようと思い、二、三度児玉に会いに行きました。かれはブロードウェイ・マンションの五つくらいの部屋を占領していた。私の顔を見ると、やあ、と手をあげて一応の歓迎はしてくれるのですが、そのうち、話もせずにどこかへ消えていってしまう。おそらく私がけむたかったのでしょう。変わらなかったのは吉田の彦ちゃん、岩田のゲンちゃん、その二人でした」

という。武井によると、上海の海軍武官府の士官のなかには、公然と児玉機関に異を唱える人もあったらしい。買いつけ金額があまりにでたらめであることや、かれらの生活態度が派手すぎるためであったろう。

「その根底には児玉に対する不信感がうず巻いていたように思います。戦後かれが書いたものを読むと、日本を思う熱烈な至誠が児玉機関の原動力だったと述べられていますが、よくもまあ、あんな大ぼらが吹けるものだと感心しますよ。

そりゃ航空物資の買いつけについてはいくらかの功績があるかもしれないが、それとても愛国心から発したものではない。でなければ一億の国民のほとんどが食うや食わずの状態におかれながらも勝利の日を信じて頑張っていたあのときに、あんな派手な生活ができる道理がありません。口では忠君愛国をとなえながら、カゲでは利権をあさる。人間のスケールが大きいといえばそれまでですが、素朴な庶民感情からするとどうでしょうか。

しかし、これは児玉だけの罪ではない。戦後に児玉のような人間の存在を許した日本人ぜんたいが悪い。ロッキード事件はそういう日本人の本質的なものをえぐり出して反省する絶好の機会だったと思います。二度とふたたび児玉や田中や小佐野のような人間を出さないような風土を日本人の手でつくり出す。そこにロッキード事件の真の解決があると信じます」

と、いま庶民として暮らす武井こと柴田龍男は真情を吐露している。

謎《なぞ》に包まれたままの〝水田光義殺害事件〟

児玉の著書のなかから私が抜き書きした部分も、かなり本人が大げさに書いた誤りが多いようだ。たとえば「捧皇隊」についても「参謀本部から秘密命令があった」などとあるのは事実と相違している。真相は、汪工作の一員である陸軍中佐に岩井英一が児玉を推薦し、岩井が紹介者として参謀本部謀略課長・臼井大佐に引き合わせたものである。児玉が書いた著書の内容について、いま岩井英一が指摘する〝事実相違〟〝事実無根〟はひじょうに多い。ロッキード疑獄がおきて以来、児玉の文章をそのまま受けとるしかなかったマスコミは、私を含めて、反省し再点検をおこなう必要があるだろう。岩井は、

「でたらめな記述はおそらく児玉自身、自分の箔《はく》をつけるために書いたか、あるいはいわゆる児玉ファミリーが児玉の虚像づくりのためにでっちあげたものだろう。いずれにせよ、こうしたでっちあげが真実を知るものによって暴かれた場合、かれの著書の他の部分の記述についてまでその真実性が疑われるとしたら、児玉にとって損だと思うが、どうだ

ろう」

と言っている。

当時上海を舞台にした〝機関〟は、岩井が公館を持つ岩井機関のほかに、影佐機関（禎昭陸軍少将のち中将。優れた人物として知らる。主として汪兆銘南京政府工作担当）、坂田機関（誠盛。民間人。南方総軍の岡田芳政参謀の指示で主として重慶工作を担当、戦後に海烈号事件など一連の台湾工作員をめぐる事件をひきおこした）、里見機関（甫。民間人。阿片の売買で陸軍の機密費を捻出《ねんしゅつ》していたといわれる。私心なき怪人物であった）、児玉機関……などがある。

「帰国してみると千駄ケ谷にあった私の家は焼失していました。恩返しのつもりだったのか、児玉はこの西荻窪の家を昭和二十二年に十九万円で買ってくれましたよ。もっとも全額を児玉が出したのではなく、私の手持ち四万円をのぞいて足りない十五万円を吉田彦太郎と折半してくれたのです。だからこの家は七万五千円だけ児玉に恩があるわけです。考えてみると千駄ケ谷の家も、役人の薄給では買えるわけがなく、児玉が内地に帰るたびに〝お小遣いです〟と置いていった金を家内がへそくっておいて買った家でした。正直言って家については児玉にずいぶん迷惑をかけていることになりますが、ロッキード事件がおきる二、三十年も以前のことですから〝免責〟でしょうなあ」

という岩井が児玉に関して「一つだけいまでも不愉快な印象として記憶に残っているこ

とがある」と述べるのは、昭和十八年に上海で〃水田光義殺害事件〃がおきた翌日の出来事である。飛行場で岩井はばったりと児玉に出会った。「どこへ？」とたずねると、「じつはこれから日本へ帰るんです」と言う。「いいねえ」岩井がうらやましそうな顔をしたところ児玉は「ちょっと」と言って岩井を飛行場の片隅に引っぱっていき、「おねがいがあります」と真剣な顔つきである。岩井はとまどった。「カネかい？　いまはきみのほうが金持ちじゃないか」ときくと、児玉は、「きょうここで私に会ったこと、そして私が東京へ出発したことはぜったいに内緒にしておいていただけませんか」と懇願する。軍も秘密好きだなあと思って、岩井はだれにも口外しないことを約束した。しかし領事館に帰って机の上の書類に眼をとめた岩井は、はっとした。そこに届けられているのは〃水田光義殺害事件〃についての警察の詳細な報告書であった。……長椅子、前額部にピストル発射の痕《あと》、火薬のスス、灰皿に吸いかけの煙草が一本、水田は煙草を喫わない、抵抗のあともなく顔面の筋肉も引きつったあとはない、テーブルに訪問客と茶を飲んだ形跡……くわしい調べは、犯人が被害者と親しい者か面識があることを示していた。

「私は、はっと思いました。前日に事件がおきたときは、許婓かな、それともひょっとしたら影佐さんがやらせたかなと思っていたので児玉の名前などツユほども思い浮かべませんでした。しかし飛行場のことは偶然だろうか。児玉が直接に手をくださないまでも、なんらかの関係はあるのではないかと……」

岩井のはなしを聞いていると、こちらの背すじも冷たくなってくる。まさに一編のドキュメント・ミステリーである。

いまは世捨てびとだという岩井は、

「世間を騒がせたロッキード事件は、名前が出た人たちだけが悪いのではない。あの事件の根にあるものを追っていくと、昭和二十年八月十五日、終戦の日にぶつかります。あのときの処理を日本人がみずからの手でおこなわなかったことが、ロッキード事件を引きおこした真の原因ではないでしょうか」

としみじみ言う。まったく私も同感である。戦後の政治を動かす保守党の資金が上海のプラチナやダイヤモンドによって始まったというのは象徴的である。

『上海帰りのリル』という歌が巷《ちまた》で大流行したのは、いみじくもマッカーサーが罷免《ひめん》された昭和二十六年であった。

だれがなぜ上海帰りのリルを捜したのか。リルはそのころ、ひと眼に触れぬ地底にうごめいており、時折り忘れたころマンモスとなって姿を露呈する。いま日本を動かす者の足の根はどこまでつながり、なにによって支えられ、どこに立っているか。上海人脈はもちろんのこと、満洲人脈もさらに追究されなければならない。

第三章　満洲人脈と岸信介《きしのぶすけ》

1　宗教人と政界人と

〝京都の黒幕〟松本明重との出会い

……京都の南禅寺のほど近く、路面を走る京津線の日の岡停留所を降りてのんびりと屋敷町を歩いていくと、高台に「雲濤居」という標札をかかげた広い邸がある。

——はて、どういう意味かな。

これを眼にした人たちはちょっとくびをかしげるかもしれない。「雲濤」とは、雲と波をあらわす。すなわち「雲と濤《なみ》、天と地の果てまでも影響を与える男」、そのような男の住まいするところ、という意味なのである。松の緑が屋根をつくる門をくぐり、撞木《しゅもく》をたたくと「いらっしゃいませ」と細面の美しい婦人が出迎える。やがて通される応接室には、背後の棚にスコッチウイスキーが並び、白い大理石の彫刻が立っている。あたりを見まわすうちに、

「ようこそいらっしゃいました」

と丁寧な口調で言いながら、にこやかな表情で主人が姿を現わす。紺の背広にえんじの

ネクタイを締め、白髪の温顔は大学の老教授かあるいは院長先生のようである。訪問客は思わず、これが、天と地の果てまでも影響を与える男、なのだろうかと訝ってしまう。

「……そうですね。私が二十歳前後のときに暮らした満洲は、私の日本人としてのナショナリズムをかきたて、その後つづけてきた民族運動の基盤となりました。私は広島の鉄道学校を卒業する際、同郷の先輩である十河《そごう》信二さん（元国鉄総裁）の口ききがあって南満洲鉄道（満鉄）を受験しました。当時、満鉄といえば若い者のあこがれの的で、どこの学校でも成績が五番以内でなければ受験できなかったものなのです。私はさいわい採用になりましたが、ちょっと謀反気をおこして、満洲には行きませんでした。京都にあこがれ、京都に住みたい気持があったので、宇治にある日本レイヨンに入社してしまった。工場に勤務しながら、毎日、京都の武専の連中と柔道の他流試合をしている。仕事が終わると、京都市内に出かけて深夜に歩いて宇治までもどってくる。そんな青春の放埒《ほうらつ》な暮らしの連続でした。満洲に渡ったのは、それから一年のちのことです」

と、おだやかに語る。表情は静かでも、時折り、はなしの内容にぎらりと白い刃が光るようで、こちらはぐっと息をのむ。

「……そうそう、いま思い出したのですが、私はそのころ、森脇将光《まさみつ》とも会っていますよ。児玉（誉士夫）に殺されたという噂のある水田光義と私とは上海で知り合った仲でしてね。水田は軍に協力して、漢口に大きな製紙工場をつくる計画をたてていました。その資本金として七百万円が必要だという。私はそこで日本に帰り、原宿のあたりに住んでいた森脇のところへ行って、なかば拳銃と軍刀でおどしたようなかたちで、ちゃんと七百万円を手に入れました。それだけの額を用立てたのだから、森脇もなかなかの人物ですよ。その水田がつくった工場はいまも武漢で稼動しているそうですよ」

と、老人は満足げに笑う。

眼鏡の奥には柔和な眼が光り、折りにふれて、ありがたいことです、と、もの静かに手を合わせる。この「雲濤居」の主人の名は、

――松本明重。

という。政財界に複雑怪奇な事件が発生したとき、ときに〝京都の黒幕〟として噂され、マスコミに登場してくる人物である。

謀略工作の専門家？

松本明重は岸信介、佐藤栄作、福田赳夫らと親しい関係にあるという。さらに、松本はかつて中国大陸で特務機関員として働いた経験の持ち主といわれ謀略工作については専門家だともいう。反共を旗じるしにする日本民主同志会という団体も率いている。そこで政界の裏工作を指導するのではないかという疑念もわいてくる。

松本の人脈は広い。韓国、台湾にもネットワークを持っており、しばしば要人と接触し

ている。国際勝共連合、日韓議員連盟などにも関係を持ち、これが笹川良一↓岸信介↓松本明重といったような人脈を形成しているのではないか。

……以上のような疑問にたいして当の松本明重は、つねに沈黙を守って多くを語らないが、〈日本民主同志会・中央執行委員長〉〈世界救世教外事対策委員長〉〈日本郷友連専務理事〉〈日本伝統芸術連盟理事〉〈祇園すえひろ社長〉〈M・G・C副社長〉〈柔道七段教士・銃剣道五段〉など多くの肩書と実力を持つ松本明重とはいったい何者なのだろうか。

私は京都市内の電話帳をひらいてみた。そこには四つの電話番号がならんでいて、いやでも松本明重の名が眼につく。そのうち二つは松本の経営するしゃぶしゃぶ亭の番号、一つは自宅、一つは事務所のようである。秘書を通じてようやく対面することのできた私は、さっそく質問を開始した。

「黒幕だといわれますね」

「私ほどオープンな人間はいないと思うのですがね。右の人とも左の人とも親しい。しかし世間ではどちらかに割り切ろうとするから、私のような人間は扱いにくいのだと思います」

「たくさんの政治家と知り合っておられるのは、どういう理由でしょうか」

「私が政治家とつきあうのは、そのひとの持っている理念や信念によるのです。ほんとうに平和を願い、日本を愛し、現状を憂えているかどうか。その部分で共鳴していく。しかし、たくさん知っていても、かれらにものをたのんだことはない。それが誇りですよ」

「岸信介さんとの関係は?」

「長いですね。戦時中、私が満洲から帰って木片ガス(燃料不足のときの自動車用燃料)の実用化をすすめていたころ、東條内閣の商工大臣になられていた岸さんと知り合って以来の縁です。国策として代用品を奨励した時期ですから、岸さんからも大いに激励されました。それからの岸さんを見ていると、しだいしだいに大きく成長されているようですが、日韓とか日台関係で、金にまつわる噂が立っているのは遺憾です。台湾との関係については私もかなり情報を集めました。社会党の柳田秀一君などは、国会で質問するからぜひ情報を分けてくれ、と私の家に泊まり込んだくらいです。党利党略に使われるのを避けて私は断わりましたがね。しかし、岸信介というひとは、シッポを握られるほど馬鹿ではありません。あとから掘りさげられるようなヘマはやっていないではありませんか。自分は手を汚さず、その周囲の人たちが儲《もう》けしごとに加担しているのでしょう。岸さんは佐藤内閣の当時にも、自分は泥をかむって、弟はクリーンにしておくようなところがあった。人物が大きいと思いますよ」

……そう言って、松本明重はこのとき六十三歳(昭和五十三年)とも思えぬ艶のいい顔をほころばせた。

世話した男が大物政治家に

　私は松本と満洲のことを話した。さきに述べたように、松本はいったん満鉄の中央試験所に入社がきまったが一年間を宇治の日本レイヨンで過ごしたのちに、昭和十年にあらためて渡満している。鉄道学校の後輩をひきつれて当時満鉄理事であった十河信二（戦後に国鉄総裁）のもとをおとずれると、十河は、

「一年もたって……もう駄目だ。世話はできん」

という。そこを強引に頼みこんで十河宅に居候を始めたので、さすがの十河も、しょうがないやつらだ、と満鉄中央試験所に入れてくれたそうである。たまたま特急アジア号のテスト時代であったので、ドイツから買い入れたダイナモメント・カーを走らせて、雪害、風圧、冷害などの抵抗試験をするのが仕事であった。朝に大連の水を汲み、夕に満洲里の酒を飲む、という青春時代を過ごすうちに、松本はさまざまな人物たちと知り合った。


　国体明徴運動で知られた菊池武夫男爵や満鉄顧問の野田蘭三にかわいがられたのもこのころであった。野田はかつて五・一五事件や神兵隊事件のときのほんとうの黒幕ともいわれた人物である。この野田蘭三を通じて松岡洋右《ようすけ》（満鉄総裁）にも愛され、松岡がやがて帰国するときには松本が東京の住居をさがして歩いたという。華中鉄道に派遣されていた佐藤栄作とはのちに上海で知り合った。根本竜太郎（衆議院議員）との縁も〝満洲縁〟と

いうべきかもしれない。

　松本の述懐によると、終戦直後にかれは京都で会社を経営していたが、面倒をみた社員のなかに森憲太郎という元憲兵司令官の旧軍人がいる。森は一時期、リバティ船に乗りこんで引揚者の日本送りを任務としたことがあったが、あるとき、船に乗ってきた満洲帰りの男がどうしても手続き書類の質問に答えようとしない。

「簡単な記述なのだから答えてもらわないと日本へ帰れないぞ」

　と怒鳴ると相手は、

「祖国がどのようになっているか、この眼で見ないうちは質問に答えられない」

　と、強情な態度をくずさなかった。森はその男の硬骨ぶりに逆に感心して、かれを京都に住む松本明重のもとに連れてきた。松本ともすっかり意気投合して酒を酌《く》みかわすうちに、男は、

「じつは、いつの日かおれは政治家になるつもりだ」

　という。自分自身は貧乏で金はないが、女房は秋田でデパートを経営している人物の娘である。そこからなんとか選挙資金を出させて政界に打って出るつもりだが、もしそれが不可能なときはあなたに身柄をあずけようと言い始めた。その男の信条や生き方に共感したところだから松本のほうにも異存はない。

「よし、わかった。おれが面倒をみるから京都に地盤をきずいたらどうだ」

と、松本は励ました。

のちにかれは金策に成功したらしく秋田から立候補して政界にのり出していったが、この硬骨漢というのが根本竜太郎（京大農卒、秋田二区。元建設大臣、党政調会長、官房長官、農林大臣）であった。その後も根本と松本との縁はつづき、松本によると、鳩山一郎（元首相）が病いに倒れたあと、どの政治家についたらいいか相談してきたという。

「河野（一郎）だろうか、佐藤（栄作）だろうか」

そうたずねられた松本は返答に困り、

「人間がおもしろそうだから河野につけ」

と答えた。松本の言葉に従ったのかどうか、のちに根本竜太郎が河野派となったのはご存じのとおりである。

……このような松本明重のはなしを聞いていると、おかしな気持になる。まことに人と人とのつながりはどこでどのような関係が結ばれているかわからない。根本竜太郎は一時期、故椎名悦三郎と近いといわれた。椎名悦三郎もまた商工官僚としてかつては岸信介のもと、満洲で働いた男である。

「どうだい、久し振りだね」

「ちょっと相談したいことがあるんだ」

岸信介、松本明重、根本竜太郎、椎名悦三郎が某所に会して、当時の〝三木おろし〟の策を練ったとしても不思議ではない。むろん、以上はあくまで私の想像にしかすぎないが、人脈とは本来休火山脈のようなものである。いったん火がつくと、どのように機能するかわからない。松本明重著『志道花心録』（全四冊・日本民主同志会発行）によると満洲から帰った松本は日本曹達に入り、やがて重油を再生する会社を尾道《おのみち》に設立、木片ガス発生器のパテントもこのころに取得する。昭和十五年には興亜院に入り、中国大陸で汪兆銘を中心とする南京政府の要人と接触するうちに、支那派遣軍の特務機関員となる。二十九歳のとき和平運動を罪に問われて軍法会議の結果、日本へ送還され、広島刑務所で受刑。刑務所を出てからは京都に住んで軍需省の下請け仕事を始め、非鉄金属の調達機関である三和電機を設立した。すでに早くから敗戦を見こして、日本陶磁器、京洛製陶の二社を買収。戦後は喫茶店、レストラン、バー、骨董《こっとう》屋、食堂、スーベニールショップなどを経営するかたわら民族主義運動を軸とする日民同（日本民主同志会）を旗あげして、学者や政治家とのつながりをひろめた。

世界救世教（岡田茂吉を教祖として熱海に本拠をおき、世界メシア教と呼ばれていた）の対外紛争の調停にのり出して同教の外事対策委員長となったのは昭和四十四年からである。いまでは右翼と左翼とを問わず、はばの広い人脈をつくりあげている。そういう松本明重も、

「満洲生活は青春時代のわずか一年間でしたが貴重な体験でした。つぎに中国大陸で活躍

することになりましたが、その下地はみな満洲で身につけたといえるでしょう」と、語っている。

満洲体験、満洲人脈おそるべし、といおうか。

2　満洲官僚人脈の発生

岸信介を頂点に脈々と生きつづける

——ほう。あなたも。

と言いたくなるほど、いまの日本の年輩者には満洲での生活体験者が多い。開拓団や引き揚げのときのつらい体験を持ったひとたちも多いが、いっぽうでは、旧軍人、官僚、民間人のエリートや浪人たちが入り乱れている。昭和四十年に発行された『ああ満洲』(発売元・農村出版KK)という満洲体験者の回顧記録集をみると、厚さ六、七センチにもおよぶ大部の集成で、行政、産業、教育などの部門にわかれ、執筆者を数えてみたところ、なんと三百九十八名になんなんとする。

冒頭には「東亜和平之礎石」という岸信介の書が掲げられ、序もまた岸の文によって、

「……満鉄を中心とする満蒙開発は、新天地の驚異的発展をもたらしたが、なお多くの障《しょう》碍《がい》が纏綿《てんめん》した。新興満洲国はそれらの矛盾を止揚し、自ら欲するままに開発建設することができた。民族協和、王道楽土の理想が輝き、科学的にも良心的にも、果敢な実践が行なわれた。それは正しくユニークな近代的国家づくりであった。直接これに参加した人々が大きな希望のもとに、至純な情熱を傾注しただけでなく、日満両国民は強くこれを支持し、インドの聖雄ガンヂーも遥かに声援を送った。当時、満洲国は東亜のホープであった。……」

と、飾られている。

満洲国建設はなるほど狭い国から解き放された日本人たちが、そのロマンを傾注した土地でもあったろうが、いっぽうでは、〝侵略〟という暗くてにがい影と匂いがつきまとっている。満洲の土地を知らぬ世代の私などは、こういう自己肯定に満ちあふれた文を読むと、つくづく〝満洲帝国は生きている〟という実感をおぼえる。この回顧集刊行会の会長もまた岸信介である。なかを開いて読んでいくと……森繁久弥（元新京放送局アナウンサー）、山口淑子、木暮実千代、十河信二、品川主計《かずえ》（元読売巨人軍社長）、古海忠之（元東京卸売りセンター社長）、楠見義男、星野直樹（元東急ホテル会長）、椎名悦三郎（元衆議院議員）、宮沢次郎（トッパンムーア社長）、根本竜太郎、三原朝雄（元防衛庁長官）、柳田桃太郎（参議院議員）、佐々木義武（衆議院議員）、始関伊平（衆議院議員）……などの名前がつぎつぎに出てくる。三百九十八名という執筆者の数もほんの氷山の一角にすぎない。あたかも岸信介を頂点として広く裾野をひろげ、日本のなかに脈々と生きている。元全国乾繭《かんまゆ》販売農協連合会会長の楠見義男（元農林事務次官、元農林中央金庫理事長、元参議院議員）もそういう人脈のなかの一人である。

「さしずめ、ヤクザなら〝満洲、満洲といってもいささか広うござんす〟というところでしょうね」

と、かれは言う。広すぎてとらえどころがないくらいである。とりあえず官僚の系譜・人脈の峰をあげれば――

●大蔵省……星野直樹、古海忠之、松田令輔（元東急ホテルチェーン会長）、源田松三（元広島県加計町町長）、内田常雄（衆議院議員・元自民党幹事長）

●商工省……岸信介、椎名悦三郎、美濃部洋次（美濃部前東京都知事の従兄弟）、始関伊平（衆議院議員）

●農林省……石坂弘（元中央競馬会理事長）、井上義人（前久留米市長）、平川守（元全国拓殖農業協同組合連合会会長）、楠見義男

……などであろうか。このほか、司法関係、教育、警察など多くの省庁から出向していった。〝出向〟といっても満洲国の場合はいったん退官して退職金をもらったあと、満洲国の官吏として任用されていく。法的にいえば〝出向〟とはいえない。しかし各省庁とも

人事異動のローテーションがほぼきまっており、長くて四年間、ふつうは三年間くらいで元の省庁へ帰ってきたものである。

「大蔵省と商工省の両省の場合は、親分というか大物というか、人物が派遣されています。大蔵の星野直樹、商工の岸信介。この二人は満洲を語るときにぜったいに落とせない人物です。こういう〝大物〟などがいくと、そのあとにぞろぞろついて行ったり連れて行ったりする。内地から呼び寄せられる人も出てくる。これが、満洲国における官僚人脈の発生原型でしょうね。満洲が重要なところだから〝大物〟が派遣されたのか、それとも〝大物〟が行ったからひときわ官僚にとってだいじなところになったのか、それはにわとりと卵の場合と同じでわからない。おそらく、そのどちらもが作用しているでしょう」

と、楠見は回顧している。

省庁のなかでは農林省が派遣にもっとも不熱心だったようにみえるが、実際は、昭和初期における内地の農村恐慌に対応するのに手一杯で、満洲まで〝大物〟を送る余裕がなかったというのが真相のようだ。

そうなると農林省の官僚は満洲に渡っても〝親分〟がいないので一匹狼のような存在で、公私ともにおもしろくない。一定の期間だけつとめあげると、気もそぞろに帰ってくる。したがって、ますます〝親分〟はできないといったくり返しであった。

楠見を例にとって、その体験と人脈のかかわりあいをみてみよう。

当時、楠見義男は秘書課長のポストにあったが、かねてからこういう傾向にいらだっていた。三十四歳という働き盛りだから、向こう気が強く、だらだらした空気が嫌いである。持ちまわりの省議で満洲人事がきまると知った日に、よし、おれが行こう、ときめて、

「私が行きます」

と、申し出た。驚いたのは上司や部下たちである。楠見にしてみれば、自分は人を動かす側なのに、自分が行く、という。秘書課長といえばむしろそういう人事を決定する側なのに、自分が行く、という。楠見にしてみれば、自分は人を動かしていながら、いつも知らん顔をしているわけにはゆかぬ、という気持であった。

「なにも、きみが行かなくても……」

と引きとめる手を振り払うようなあんばいで満洲行きをきめ、数日後には汽車に乗った。ちょうど昭和十四年の十二月である。新京に着いてからふっと考えてみると、省はちがうけれども、顔見知りの岸信介先輩がようやく満洲を離れて内地の商工次官として帰っていった日であった。京城あたりで岸信介の乗った汽車とすれちがったらしい。楠見はちょっと淋しい気がした。というのも楠見が農林省へ入るきっかけをつくってくれたのは、じつは岸信介だったからである。

人と人との出会いを示す話として、そのときのことも紹介しておこう。

楠見は大学を卒業する直前に、中学の先輩の紹介で商工省に岸先輩をたずねている。そ

のとき岸信介は、

「行くところを決めていないのなら、農林省はどうですか」

と、丁寧な言葉づかいで言った。

「農林省ですか」

楠見が問い返すと岸は、農商務省が二つに分かれたとき自分はできれば商工省ではなく農林省に行きたいと思っていた。これからの日本は農業政策をよほどうまくやっていかないと、やがてはかならず行きづまる。その傾向がすでに見えている。

「ぼくの口からいうのはおかしいが、工業関係にくらべて、たしかに、農業政策は遅れています……」

と学生を相手に熱っぽい口調で話す。楠見はこのときの岸信介の表情や言葉が忘れられず、大学を卒業すると結局は商工省ではなくて農林省に入った。そういう経緯と思い出があるので楠見が満洲のことを思うときはいつも、意識の隅に岸信介の存在があったのである。……官庁という組織のなかで先輩と後輩の関係がひとつの形をつくっていくよき例であろう。

満洲人脈は嚢中《のうちゅう》のキリ

楠見が満洲に渡ったころは、すでに中支戦争が華中から華南へしだいにひろがり、軍部の力が強くなって満洲建国当初の五族協和の精神も薄まり、武官が威張っていた。そういう状況のなかで楠見がまかされた仕事は、食糧の確保であった。しかし満洲の全域にわたって生産から流通機構まで眼を光らせ、しかも内地のことまで心配しなければならない。赴任して興農部農政司長のポストにあるあいだ、楠見は、日本・満洲・北支の三つの地域の食糧をどのようにして確保するか、そればかりを考えていた。ところが楠見が満洲にいた六年間というもの、豊作の年は一度もなく、食糧不足のときがあいついだ。そのころ、黒竜江省の次長をつとめていたのが、さきにも登場した根本竜太郎（衆議院議員）である。かれは楠見のもとに、毎朝毎晩、ときには二時間おきくらいに電話してきて、

「食糧を送ってくれ。餓死する者が出てきている。とにかく、助けてくれ」

と楠見をせめる。そう言われたって食糧の絶対量がないのだから、事情を丁寧に説明するしかない。それでもなお根本竜太郎はひっきりなしに電話を鳴らす。楠見はとうとうかんしゃく玉を破裂させて、

「飢え死にする者の数を知らせてくれ。食糧を送ったって間に合うものではないから、林野科に頼んで棺桶を送るよ」

と、叫んでしまった。あとになって、自分の声を根本竜太郎がどう聞いたかと考えると、冷汗三斗《さんと》の感じで申しわけなく思ったそうである。

昭和十六年、太平洋戦争が始まる直前におこなわれた内地の本省での会議で、楠見は日

本人が食べる半年分の食糧を確保するように命じられる。それほどの量は満洲にもありませんよと答えたが、ともかく、開戦までに十万トンをおさえたという。

「軍部をひとつの組織体とみて、その行為の結果だけをあげつらうのは簡単ですが、あの時代、同じ年ごろの青年たちが、自分の〝裸〟をぶっつけ合って〝何か〟をつくりあげていこうとした情熱だけは、もう少し評価すべきだと思います。自己弁護になるかもしれませんが……」

と楠見は言う。軍人のなかでも片倉衷《ただし》中佐は関東軍の若手参謀のきれ者といわれ、人柄も愛されていた。じっさい、関東軍は板垣征四郎→石原莞爾→片倉衷のラインで動いた時代もある。楠見によると、この片倉中佐は、なかなかの精力家であったという。

「おれは一週間くらいつづけて徹夜しても平気だよ」

と、かねがね豪語していた。

一度だけ楠見がその強精の秘密をたずねてみたことがある。そのとき片倉は、

「キンタマを水で冷やすんだ。おれの常宿は国都飯店だが、金冷法を実行中にひとが訪ねてきたりしては困るのでね。ちゃんとドアに鍵《かぎ》をかけてやる。毎日水を入れた洗面器にどっぷりとキンタマをひたすんだ」

と答え、恰好まで実演してみせたそうである。以来、楠見は七十二歳になるまで片倉にならっているが、すこぶる調子がよろしいという。

このような仲をなんというのだろう。人脈ではなくてそれこそ〝金脈〟と呼ぶのが正しいのかもしれない。

楠見義男は、〝満洲人脈〟について、

「私は〝満洲人脈〟を私なりに肯定しています。表面的には仰ぎ見るような〝人脈〟はないでしょう。しかし、あの満洲を舞台として養った〝力〟は、いつどこにいてもかならず発揮されると思う。いわば〝嚢中《のうちゅう》のキリ〟とでもいえるだろう。袋を破ったキリがほうぼうできらりと光るとき、あのキリも満洲にいたのか、このキリもそうなのか……と評価されるようになるのが、私ののぞむ〝満洲人脈〟なのです」

という。キリは、私の見るところ、ほうぼうで光っている。自民党の元幹事長の内田常雄は大蔵省の官僚として昭和十二年から十八年まで〝出向〟した一人である。徹夜で喋るやつがいたらそれは内田か平川守だと思え、といわれるくらい弁が立ったそうだ。ときには敵味方にわかれたが、元総理の故大平正芳もかつては大蔵省事務官として満洲に渡った内田の後輩である。

「大平のやつ、あのときはえらくしょんぼりしていたな」

といって内田がよく披露する話がある。

故・大平正芳の宴《うたげ》の舞い

満洲へ渡って新京の総務庁につとめ始めてから二年目に、大平正芳がひょっこり現われた。かれが満洲へ赴任すると聞いていなかった内田は驚いて迎えたが、どことなく元気がない。どうした、とたずねると、

「はあ、こんど蒙疆《もうきょう》政府に行くことになったのですが……どうも……」

とぼそぼそ呟《つぶや》いて、要領を得ない。

「そりゃご苦労だな。で、どこの土地に行くんだ」

「それが、その、よくわからないのです。行き先だけは紙に書いてもらいましたが、読めないのです」

と、いかにも大平らしい。

「どれ、見せてみろ」

大平正芳がさし出した紙きれを見ると、はるか興安嶺《こうあんれい》を越えて行かねばならぬ遠隔の地であった。これはたいへんだ、新京からでも四日はかかるぞ、とおどかすと、

「そんなにかかるんですか、ちょっと地図を貸してください」

と頼んできた。ところが大平が急行しなければならぬ土地は、地図に地名がのっているようなところではなかった。そのことを告げると大平はますます肩を落とし、溜息《ためいき》をつかんばかりである。遠いと聞いてはいたがこれほどとは思わなかったという大平の気持が、

先輩の内田にも伝わってくる。官吏に転勤はつきものだが、そぞろあわれをもよおす姿である。内田は松田令輔や古海忠之などと相談し、その晩、新京の料亭で大平正芳君を励ます会をもよおした。ところが、内田としては新京で一番の美妓をはべらせたつもりなのに、大平正芳はあいかわらず浮かぬ顔であった。内田が、

「おい、四日かかると言ったのは嘘だよ。ほんとうは二日で行けるんだ」

と告げるとようやく大平の顔に生気がもどってきた。とたんに躰《からだ》をくにゃくにゃとひねりながら〝阿波踊り〟を始め、一同もそれについて座敷いっぱいに踊り狂う。

〽残る阿呆に　行く阿呆
同じ阿呆なら　行かなきゃ損損

という替え歌をつくってはやしたて、その晩は騒ぎつづけたという。それから大平はどこに泊まったのか知らないが、翌日、内田が見送りに行くと、のそのそと新京を出発していったそうである。

これだけ聞けば、どこにでも見られる転勤の哀愁劇にすぎないが、そのときの二人が、戦後に、いっぽうは三木元首相の大番頭として幹事長をつとめ、いっぽうは総理となったことを考え合わせると、単純な挿話として聞けなくなってくる。テレビやニュースの見方を変えなければならない。互いに嚙《か》みつきそうな顔をしてにらみあう政治家も、満洲で体験した過去は過去として存在し、消えないのである。対決の瞬間が終われば、ひょっとし

て、

「よお。阿波踊りでも踊りにいくか」

と語っていたかもしれない。

3 〝二キ三スケ〟の時代

〝五族協和〟なんて〝女郎の涙〟か

同じ満洲体験といっても、年代によって状況も内容も異なるし、中央にいたか地方にいたかでも変わってくる。〝五族協和〟をうたって新しい国家の建設に燃えていたころは、岸信介が「白い紙に青線を引いて創造していくたのしさと生き甲斐があった」というように情熱とロマンが感じられるが、しだいに官僚体制が確立し、軍部の力が強くなってくるにつれて、状況は変化していく。たとえば私が会った知名人のなかにも、ムダロをたたいたために、たった三日で内地へ戻されたという例があった。その人物は官吏として官庁から派遣されたのである。

かれの言葉でお伝えしよう。

「歳月というやつは、ものごとを浄化する作用があるらしいね。満洲というと、どいつもこいつもきれいごとばかりいう。とりわけ元官僚がそうだ。口では〝五族協和〟を唱えながら、腹の中では〝植民地政策の実行〟だということをちゃんと知っていたのだからね。〝五族協和〟を心から信じて満洲へ渡ったのは民間の人だけじゃないだろうか。私だって役人だから満洲は〝植民地〟だと心得ていた。それを知ってなきゃ、あんなところで、仕事はできないよ。

私が満洲に行ったのは昭和十二年、いわゆる〝二キ三スケ〟(東條英機、星野直樹、岸信介、鮎川義介、松岡洋右)の揃《そろ》いぶみが終わったあとだった。〝五族協和〟のスローガンのメッキがはやくもはげかかっていたころです。あまりにも見えすいているので着任早々の祝宴で、私は、〝五族協和、五族協和というけど、あれは女郎の涙と同じですな〟と言ってのけた。すると、隣りに坐っていたある処長(局長)が、〝女郎の涙〟とはどういう意味です、と真顔でたずねてきた。そこで私は正直に答えた。

女郎というのは客に真実らしく見せるためには、ときに涙も流さなければならない。そのとき女郎はツバを眼につけて、ほんとうに泣いているようにみせるのです。〝五族協和というのも、いまではまさにそういうことでしょう〟そう言いましたら処長の顔色が蒼くなった。〝ぼくの前だからいいようなものの、憲兵の耳にでも入ったら、ただではすまないぞ〟とたしなめるように言いました。しかしかれに向かってそう喋ったとき、すでにただではすまなくなっていたのです。それから三日後に私は内地へ送り返されました」と、かれは憤懣《ふんまん》を洩《も》らしている。エリート官僚といえども、軍部には勝てない。多くのひとは、昭和十二年のあたりを転換期と考えているようだ。

〝二キ三スケ〟についてはこれまであちこちに書かれているからくわしくは述べないが、かれらが〝揃いぶみを終わった〟といわれるのはいつごろだろうか。

まず、満洲国が建国宣言をおこない、溥儀《ふぎ》が執政に就任したのが昭和七年である。大蔵省から出向いた星野直樹は同年に財政部次長の座につき、昭和十一年には総務庁長官となっている。かくて、第二次近衛内閣の企画院総裁として内地へ帰る昭和十五年までのあいだを満洲で活躍する。これにたいして、岸信介が産業部次長として渡満したのは昭和十一年のことである。三年後には商工次官となって帰国するのだが、短い期間にあれだけの盛名をとどろかせたのは、なみでない人物として期待され、また実際にその才腕を示したからであろう。岸信介次長について満洲に渡った一人が椎名悦三郎であった。満洲実業部計画課長、鉱工司長として働き、昭和十四年に岸信介が帰国すると同時に椎名も商工省に帰ってきている。

東條英機が関東憲兵隊の司令官となったのは昭和十年で、二年後には関東軍参謀長に任命された。陸軍次官として内地の土を踏むのは昭和十三年のことになる。したがって、東條英機と岸信介の関係を考えると、十一年と十二年の二年間は同じ満洲で暮らし、満洲で活躍していたといえる。

鮎川義介は、昭和十二年、満洲に日産を移し満洲重工業に改組し、総裁の座につく。以後は満洲鉱山の会長などもつとめて昭和十八年まで日本を離れている。このようにみてくると、いわゆる〝二キ三スケ〟が満洲の地にそろっていたのは昭和十二年前後だと考えられる。ひとによってはこのとしを満洲国変質のときだという。

たとえば、千葉県袖ケ浦町で老後を過ごしている山口重次は、満鉄入社ののち満洲青年議会議員となり、満洲青年連盟を結成し、協和会中央事務局次長、奉天市公署参与官（副市長）、牡丹江省次長をつとめた人物だが、

「満洲国の王道楽土の思想を具現したのは、初期の本庄繁司令官、板垣征四郎参謀長、石原莞爾作戦参謀の三人のトリオの時代で、その後、小磯国昭《こいそくにあき》参謀長のころから、しだいに建国の精神が失われ、帝国主義の官僚支配が強まった。その極限が〝二キ三スケ〟の時代であって、この時代を転機にして満洲国は完全に変質してしまった」

と言っている。

国際善隣協会の理事長をつとめたことのある飯沢重一（満鉄を経て吉林省政府顧問。戦後は弁護士）はそのへんの状況を、つぎのように説明してくれた。

「岸さんの名前は満洲に着任する以前から知っていた。新官僚といわれる人たちの筆頭とみなされ、従来の役人タイプとはちがった人物だと聞いていた。椎名（悦三郎）さんが調

査して土台をつくったところへ岸さんがのり込んでくるという筋書も予想できた。しかし、それより以前から満洲に来ていた若い人たちのあいだには〝内地の資本主義〟を侵入させるべからずといった気風がある。つまり、満洲はわれわれが血と汗で築いた王道楽土である。

そこへ岸さんたちがやってきて近代産業開発を持ちこみ、資本主義の進出地にしようとするのはけしからん、建国の理想をゆがめるものだという意見です。〝五族協和〟を旗じるしにして、徳をもって治めているところへ、法律をふりかざした官僚がやってくるので、〝利権屋入るべからず〟と公然と反対する者もいたし、かれらを〝法匪《ほうひ》〟と呼んで憎む者もいた。ところが、こうした反対の声がしだいに静かになっていったのは省庁がいずれもすぐれた人たちを満洲によこし、かれらが情熱をもって行動したためだと思う。着任したかれらは急速に満洲という土地に融《と》けこんでいった。建国のころからの現地派（満鉄や自治指導部で育った人たち）と日本から来た官僚との溝が、ようやく埋まったころに岸さんたちが赴任したということになる。

満洲というのは不思議なところで、二年か三年の満洲ぐらしを体験すると、互いに共通意識が芽生えてくる。あの広大な土地のどこにいてどのような職務についていたとしても、満洲で働いたという一種の運命共同体のような感覚が生じてくる。戦後の満洲人脈ともいえる岸信介・星野直樹・古海忠之といった人たちの考え方にも、そういうものが如実にあらわれている。満洲関係者でなにかをやろうというとき、かならず出てくるのがこの〝ご三家〟の名前で、国際善隣協会をはじめとして、各種の満洲関係の会にはたいてい名を連ねてもらっている。満洲時代の岸さんは、実際を踏まえた勉強家、という印象だった。四年たらずの満洲体験だが、岸さんにはたいへん刺激を与えていたと思う」

と、語っている。

岸人脈は軍部の奥深くまで

官僚が入っていったあとの勢力・系譜は、さきに楠見義男が述べているように、大蔵省と商工省とが拮抗《きっこう》していた。星野直樹が総務庁長官の座をとって少し位置が高く、岸信介は産業部・経済部をおさえて産業界を牛耳っている。しかし、二人を比較してみた場合、政治力については岸信介のほうがすぐれていたようだ。部下として双方の人間像を眺めてきた隠岐猛男（元満鉄社員・満洲国経済部課長・バンコック公使館参事官・奉天省参事官。戦後は大学講師・エチオピア政府経済顧問などを経て翻訳業）も、それをみとめている。

「私はお二人の在任中、東京で会議があるたびに一緒に上京して山王ホテルに宿泊したものです。そういうときの来客の数をみていると圧倒的に岸さんのほうが多い。星野さんをたずねるひとの二、三倍はいたでしょう。満洲にいても内地とは縁が切れていない。さすがに噂どおり政治力のある人だなと思いました。頭もきれるし、実行力もそなわっている。金銭に関しては清廉潔白なもので、おかしい噂はまったくありませんでした。岸さんの才能もさることながら、私が人間的な魅力を感じていたのは星野さんのほうでした。こちらは学者肌でいつも思慮深い。のちに東條内閣に入閣がきまって新京の飛行場から去られる日、私は見送りに行きましたが、このとき星野さんの鞄の中には、ギボンの『ローマ帝国興亡史』がしのばせてあったそうです。たしかめたわけではないが、星野さんの人柄から考えてほんとだろうと思っています。ヨーロッパで第二次大戦が勃発したとき私はたまたま星野さんに会っていましたが、かれが、〝アングロサクソンはゲルマンに敗れたことはないからな〟と呟《つぶや》いたのが印象的でした。結果は予言どおりになったわけです」

と、二人を比較している。

岸信介は満洲でひとまわり大きくなったといわれた。自分の思うがままに産業計画を押しすすめた自信もさることながら、関東軍の若手の将校たちをはじめ、さまざまな人種とつきあった体験が大きいといわれる。人脈は軍部の奥深くにまで達し、そのことが東條内閣に参加することにもなるのである。

――あなたは、岸信介を見たか？

そういう質問をぶっつけると、新京や奉天に住んでいた人たちのみならず、多くの満洲体験者がそのときの印象を語ってくれる。いずれも精気に満ちた岸信介像で、戦後に私たちが見る岸信介のイメージとはずいぶんちがうような気がするときがある。岸信介自身がたくましい成長期にあったのであろう。

私は、いまでも満洲ボスだよ

建国のころからの人脈や内幕・経過を知ろうと思えば、以前にも紹介した古海忠之のはなしを聞くしかない。私が取材した当時、満洲関係者があげる満洲人脈の長老は、岸、とならんで、八十歳を越えていた古海であった。

かれは創成期のころから星野のもとに参加し、のちに満洲国総務庁次長をつとめ協和会総務部長についたこともある。戦後は〝満洲の大物〟として中国に抑留され、昭和三十八年に帰国してからは大谷重工業の副社長を経て、東京卸売りセンターの社長として活躍したが昭和五十八年の八月に物故した。面会したとき、矍鑠《かくしゃく》として、とても八十を越えた年齢とは思えなかった。

「私が満洲国に着任したのは昭和七年六月十八日でした。命令から着任まではつぎのような事情によるのですよ」

大蔵省から星野直樹以下六名が出かけるようになったいきさつ、到着してからの仕事、品川主計、岸信介、鮎川義介、松岡洋右などとの出会いのことなど、記憶は鮮明だった。

岸信介が商工省のなかでもすぐれて嘱目《しょくもく》された人物であることはずいぶん以前から知っ

ていたが、満洲で会ってあらためて感じ入ったという。

「岸さんは外見の繊細な感じに似合わぬ親分肌のところがあった。なんとなく周囲をとりまとめていく力があるし、こせつかない。人間は風貌《ふうぼう》だけでは判断できないと思ったものだ。岸さん、甘粕（正彦）、私の三人はよく『あけぼの』とか『桃園』といったような料亭で飲んだ。岸さんは酒はそんなに強いほうではないが、宴会は好きだった。そういえばやはり商工省出身の椎名悦三郎も酒好きで遊び好きの愉快な人間だった。〝二キ三スケ〟という言い方は昭和十三、四年ごろ満洲で流行したが新聞記者たちの創作らしい。そのほかにも〝東太后・西太后〟という言葉もあって日本人のあいだでよく使われていた。これは、東條勝子夫人と星野操夫人とが当時の日本人社会の中でいかに権勢をふるっているかということにたいする諷刺《ふうし》だった。東條英機夫人は東京女子大卒、星野夫人は京都の女学校の英語教師をしていたほどで、どちらもインテリであるうえに弁もたつ。喋り始めたらなかなか終わらない。東太后・西太后の名は日本人のあいだに鳴り響いていた。それにたいして岸さんは奥さんをぜったいに表面に出さぬ人だった。弟の佐藤栄作とは大きなちがいがある」

古海忠之は満洲国の内情やら、福家俊一、片倉衷《ただし》のことなどをこもごも語ったのちに、つぎのように言った。

「満洲で一時期を過ごした連中の結束は固い。みんな引き揚げや捕虜になったりして苦労していたにもかかわらず、私の見るかぎり、満洲に行って損をしたと思っている者はだれもいない。日本から行った官吏の質もよかった。官庁でもしだいに、一度は満洲に行かなければ出世しない、という風評が立つようになっていた。今日、満洲帰りの人たちがさまざまな会を組織し、折りにふれて旧交をあたためているのはやはり青春の一時期を壮大な実験のできる土地で、そこに骨を埋めるつもりで暮らした思い出があるからだろう。岸さんは私に会うとよく言う。〝おれが総務庁に残っていたら戦犯として中国送りになるところだった。きみはおれの身代わりみたいなことで十八年間も犠牲を払ったのだから、おれはなんでも世話する。利用することがあればいってきてくれよ〟と、ね。私はあえて岸さんを利用しようとは思わないが、満洲帰りの人間に頼られて岸さんに紹介することがある。そういう場合も岸さんはノーといったことがない。まあ、私はいまでも満洲ボスだよ」

最後の言葉は実感のようであった。老齢の古海は逝《い》ったが、いまも〝満洲国〟は生きており満洲人脈の血統はそのまま生き残っている。

4　麓《ふもと》に咲く人脈の花

木暮実千代《こぐれみちよ》、田中絹代《きぬよ》と満洲

官僚の世界ばかりをみてきたが、むろん、満洲人脈はあらゆる業界に根を張っている。たとえば女優の木暮実千代《こぐれみちよ》が指揮者の小沢征爾《せいじ》をとらえて、

「あなたのお父さんは偉かったのよ」

と喋っていたとしたら不思議に思われるだろうか。二人ともまた満洲人脈につらなる人間なのである。

木暮実千代が和田日出吉《ひできち》の妻であることはよく知られている。和田はかつて「番町事件」「二・二六事件」などの記事で天下に鳴らした新聞記者だったが昭和十三年には満洲新聞社社長に就任し、のちには甘粕の経営する満映（満洲映画協会）を手伝い、終戦の日に新京で甘粕の自決を見とどけて帰国した。田園調布の邸宅にたずねていくと老いてますますさかんといおうか、

「耳は少々不自由だがアソコも現役だよ」

といわれて、こちらが仰天した。

聞いてみると和田日出吉を呼び出して満洲に誘ったのは、松岡洋右（当時、満鉄総裁）であったという。赤坂の星ヶ丘茶寮でめしを食おうといわれて出かけると、

「きみ満洲で新聞をやってくれないか」

という。和田は、やってもいいがすぐにツブれますよ、と答えて逃げて帰ってきた。満洲のような田舎くんだりに行けるものかという気持であった。ところがしばらくして、こんどは鮎川義介（当時、満洲重工業開発総裁）から同じような話があった。相手が鮎川義介となると和田も断わりようがなくて困った。和田はそれまでに『鮎川義介伝』を書いており、いろいろと世話にもなっていたからである。そこで鎌倉に住んでいた友人の大佛《おさらぎ》次郎のもとに相談に行くと、

「行ってみろよ」

という。無責任にけしかけるもんだなと思いながらなおも話すと、行け、行け、とくり返す。本気で考えてくれよ、というと、

「自由にものが書けない日本にいたって仕方がないじゃないか」

と、大佛は答えた。なるほど、この言葉で和田の気持は決まったようなものであった。

新京に着くと大歓迎されたのでますますあとにひけなくなり、こうなればやるしかないときめて、ロシア語、中国語、蒙古語、英字新聞まで大小問わず各紙を統合して、発行部数

二十万の新聞に仕立てあげた。妻の木暮実千代を呼び寄せたのはそれからである。満洲生活では石原莞爾のほかに岸信介、板垣征四郎、甘粕正彦などとも知り合った。

和田によると、小沢開作という人物は、もともと新京で開業する歯科医で、昭和六年に現地でおきた万宝山《まんぽうさん》事件などで活躍した変わりだねであった。開作は生まれてきた息子の名を考えているうちに、かねて心服している板垣征四郎と石原莞爾の名から一字ずついただいて命名しようと決心した。……かくて誕生した名が「征爾」という。いま世界で活躍する指揮者の小沢征爾はその息子が成長した姿である。岸信介たちが小沢歯科の厄介になったかどうか。

「きみのおやじはおれの歯を乱暴に抜いてねえ」

などと言いながら岸信介が小沢征爾と談笑しているとしたら、満洲人脈の風変わりな組み合わせということになるであろう。

満洲国皇族との関係

女優といえば私が飯野薫（農村地域工業導入センター勤務）という人物から耳にした話を思い出す。飯野は二・二六事件の直後、昭和十一年に満洲に渡り実業部に勤務した経歴を持っている。さらに、甲種幹部候補生として宇都宮第五十九連隊に配属されていたとき、満洲国皇帝・溥儀《ふぎ》の弟にあたる溥傑《ふけつ》（当時、見習士官）と一年間にわたって起居をともにした体験を持った。その結果、飯野と溥傑のあいだの国籍や階級・年齢をこえた友情が生まれ、北京に住むかれとはいまでも一ヵ月に一、二度手紙のやりとりをしているという。

数年前、溥傑が奥さんの実家（東横線日吉の嵯峨《さが》侯爵家）に帰ってきたので飯野はかれをたずねていった。玄関から案内されて廊下を歩いていた飯野は、一人の女性とすれちがって、おや、と思った。

——田中絹代じゃないか。

うしろを振りかえってみるとまちがいない。数日後、羽田を発つ溥傑夫妻を見送りに行ったときも田中絹代は、溥傑の奥さんと親しげに話し、飛び立つ飛行機にいつまでもハンカチを振っていたそうである。

「こんど溥傑夫妻に会ったら訊いてみようと思っているうちに、田中絹代さんの訃報《ふほう》をききました。こんなことになるのだったら、羽田で、直接におたずねしてみればよかったと思ったりしていますよ。いずれお知り合いになられた事情がはっきりすると思いますが、いまのところ、私のひそやかな謎です」

と飯野は言っている。天城山心中で愛娘《まなむすめ》の愛新覚羅慧生《あいしんかくらえいせい》を失った薄幸の満洲国皇族夫妻と田中絹代……この結びつきを聞いただけでなにやら人の世のはかなさや、静かな愛情を感じる。岸信介や古海忠之らを頂点とする満洲人脈の麓《ふもと》にひっそりと咲いた人脈とでもいおうか。

5　韓国・台湾にも根を張る同窓生

結束固い満蒙《まんもう》引揚げ団体の実態

――現在の日本では、どの程度の満洲人脈が動いているのだろうか。

私は素朴な疑問から調べを始めて、その交流のさかんなことに驚いた。満洲および蒙古の地域から引き揚げた人たちは職域や学校・同窓などでそれぞれに団体をつくり、それらは財団法人・満蒙同胞援護会に届け出られている。その総数は昭和四十七年の時点で二百六十二におよんだ。

内容をみると、……「鉄警同志会」（満洲国軍事鉄路警護軍）、「虎林国境警察隊」などを含む官庁協和会関係の団体が三十一。「満洲煙草の会」（満洲煙草株式会社）などの特殊会社関係が三十九団体、「満洲マグネシウムの会」などの一般会社関係が十三団体、「建国大学同窓会」などの大学関係が十四団体、「鏡友会」（開拓関係訓練学校・鏡泊学園）のような専門学校関係が五団体、「あかしや会」（旅大地区学校同窓会）などの中等学校関係が二十五団体、さらに高等女学校関係二十三団体、小学校関係十一団体、職域団体は十七団体、関東局関係が五団体、金融機関関係は十四団体、友交団体の関係が十団体、地域団体の関係が四十四団体、蒙古ならびに支那関係が十六団体……と膨大な数にのぼる。

以後は年を追って数を増し、申告のない会や団体も多くなって、いまでは国内にどれだけの数があるかもわからないという。

かつて昭和十六年の末に「満洲交友会」という団体がつくられたことがある。

翌昭和十七年には満洲重工業を退職した鮎川義介がその退職金のすべてを満洲関係の各団体に寄付し、この「交友会」にも送られてきた。

「満洲会館」というのは、この鮎川の寄付金をもとにして、東京・有楽町の陶陶亭の建物を買いとったものである。

満洲会館は終戦となってかたちをあらためた。東南アジア諸国とその善隣友交を深めることを目的として、国際善隣倶楽部・国際善隣協会と名称を変え、建物も新橋にうつっている。いまでは東南アジア関係の人たちも出入りするが、やはり圧倒的に多いのは満洲関係者たちである。

満蒙の在籍簿が作成されているので恩給など書類を作るにも便利なようだ。昭和五十八年三月末まで八年間にわたって国際善隣協会の事務局長をつとめた藤沼清は、こう言っている。

「この協会自体があたかも右寄り団体のように誤解されているらしいですが、決してそんなことはない。たしかに旧満洲国の役人もいれば関東軍の将校もいる、しかし週一回おこなわれる午餐会《ごさん》の講師にはさまざまな立場の人物を招いているくらいで、決して偏向しているわけではない。先日もある学生がやってきて、〝偏向団体から援助を受けたくない〟というからおどろいた。協会では中国語を学ぶ学生たちに奨学金を出しているのだが、それを要らないという。ずいぶん話し合ったが、けっきょくわかってはくれなかった。いまの若い人たちの頭には満洲すなわち侵略、という図式があるようで残念に思う」

と世間の眼の移り変わりを嘆いている。

しかしその人脈の実数は莫大《ばくだい》なものであり、いったんことあるときには結束して動く実力もあるようだ。頂点にある岸信介たちにすれば懐かしき人たちであると同時に、頼もしい山脈でもあるだろう。

出世の通過点に利用

そういう地域団体、学校団体のなかで、とりわけ私の眼をひいたのは「大同学院」という旧満洲国の学校であり、その同窓会であった。私は知らなかったが、「大同学院」とは満洲政府によって昭和七年、建国と同時に新京に創立された満洲国政府官吏養成の機関である。養成期間は六カ月間にすぎないが全寮制であり、文字どおり同じ釜のめしを食うという生活を実感し、深い友情を生んだといわれる。私は、同窓生たちをたずねてみた。

「そろって誇りと情熱と意欲を持っていましたよ」

と言ったのは、国際善隣協会元理事の藤川宥二であった。藤川は撫松県副県長などの経歴を持つ大同学院の卒業生である。

「私は父が満鉄に勤務していた関係から奉天の中学校を卒業して一度は東京に行きましたが、昭和十年には大同学院に入学しました。日本から来ている連中は、〝満洲を墳墓の地ときめ、五族協和の先達となる〟という意識をもってやってくる。卒業してから中央を志向せず、なるべく新京から離れた地方の辺地に赴こうとする意欲がありました。教育は短期間ですから、かなりの詰込み教育でしたね。学科の内容は、中国語、東洋史、満洲の地理、歴史、そのほか精神的な経綸の学問の講義も多かった。それらの中心となる理念は大アジア主義で、笠木良明、橘樸《しらぎ》、江藤俊雄といったような大アジア主義者、満洲青年連盟のリーダーなどが来て特別講義をしてくれたものです。

満洲については専門の学者が少なかったので、満鉄や満洲国における各部門の専門家が講義に現われることが多い。大同学院は研究者や学者を養成するところではない。すぐに満洲建国に役立つ実践家を育てるのが目的でした。のちに研究者も必要となったので建国大学が誕生したというわけです。大同学院の卒業生は、昭和二十年八月卒業の第十九期生で終わりを告げていますが、顔を合わせるとむかしと同じように熱気をおびてきますね」

と、言っている。

産業開発近代化を口にして内地から流入してくる官僚たちに反撥したのも、こういう若い人たちであったろう。大同学院の卒業生たちは〝ニキ三スケ〟というような流行語を地方にいて、にがにがしく聞いたものと思われる。いまでも藤川は言うのである。

「同じ満洲に学んだり働いたりした者たちの意識に共通するものがあることは否定できません。しかし、地方にいたわれわれと、中央にいた岸さんや古海さんとは、考え方に微妙な差があるように思います。私は『満洲国史』(国際善隣協会刊行)を四年がかりでまとめましたが、その序文の草稿を書いていたとき、古海忠之さんが〝満洲の近代化のためにわれわれは生命を賭した〟という一節を入れるようにと望まれました。

しかし私たちにしてみれば、満洲に住む人たちの生活がほんとうに豊かになればそれでいい、それがほんとうの王道楽土を建設することだと信じていた。現に、私が地方に赴任して中国人を観察したところでは、為政者はだれであってもよい、自然のあるがままに平和に暮らしていければよいという性質がみえて、やはり老荘や道教の思想にのっとった国民だなあと感じたものでした。したがって、日本人としては、かれらと民族一体化し、搾《さく》取《しゅ》したり権力をふるう連中を追放して、生活がたつようにしてやるのが主要な任務だと考えていました。

上からの近代化を持ちこもうという発想はまったくなかった。だから中央にいた官僚たちの言う近代化発想とは対立するのです。

いま考えてみると、中央にいた人たちはやはり満洲という広大な地域で、日本ではとてもなしとげられない〝実験〟をしてみようと思っていたのではないでしょうか。星野さんをはじめ、大蔵省から来た人たちは腰を落ち着けようという気構えがみられたが、岸さんたち商工省の人たちはいつも顔が内地の中央官庁を向いていたような気がします」

という。満洲を〝実験〟の場として、〝出世〟の通過点とした者はふたたび内地に帰って大臣となり総理ともなった。満洲人脈は一見、岸信介たちを頂点にしているようにみえるが、それほど単純な山ではなさそうだ。

大同学院の人脈については、さきにあげた国際善隣協会の藤沼清もつぎのように言っている。「私は大同学院の第二期生で根本竜太郎と同期だが、いまだに建国の有志が集まったという意識を捨ててはいない。おもしろいことに大同学院には旧帝大卒をはじめ、早稲田、慶応、その他の専門学校から多くの若い人たちが集まってきたが、ここに入ってしまうと、だれ一人として学歴のことなどいうものはない。大同学院というだけでまとまってしまう。実力主義といおうか。

同期の集まりがあっても、現在の社会的地位はさておき、当時リーダーシップをとっていた人物を中心に集まりが展開するようになる。

私の期でいえば、大臣経験者の根本竜太郎が中心になりそうなものだが、むかしの根本はどちらかといえば目立たないほうだったから、リーダーはべつの人物になってしまう」

私の満洲国はもうなくなった……

大同学院の人脈で注目しなければならないのは、同窓生に中国人や韓国人が存在することだろう。都内で「レストラン・ヴォルガ」を経営する連恵文もかつての大同学院第六期生であった。

かれは中国福建省の生まれだが、親戚を頼ってひとりでハルビンに行き煙草工場で働いていた。大同学院のことを知ったのはそのときである。当時、大同学院の生徒といえば憧《あこが》れの的であった。……カーキ色の〝協和服〟に中折れ帽、黒い短靴というスタイルも悪くないし、卒業後は満洲国の幹部官吏に採用されるのだから憧れるのが当然である。

――どうしても合格してやる。

と連恵文は決意した。いま思うと競争率の高い大同学院の試験にどうしてパスしたのか不思議なようなものだが、昭和九年に入学した。入ってみると日本人百名、満人系百名という比率で、新入生は合計二百名であった。

講義の内容は、ときに天皇や天照大神のことが出てくるので面くらったという。満人はおとなしい人物が多かったが、それぞれ胸のうちには、

――百年たてば満洲も変わる。満洲人の考え方が生きるような国になる。

という思いを秘めていた。困ったのは終戦になったときだった。満洲国の役人をしていた満人は、〝漢奸《かんかん》〟として追われる羽目に陥り、連恵文も上海、香港を流れて、気がついたときには、ついに日本にたどりついていた。

しかし大同学院の同期生たちがいろいろと助けてくれて、ようやく落ち着く土地を日本の国内にみつけたということになる。つくづく自分は流浪の民だと思う。かつての満洲国という故国は消えてしまったし、いまはもう満洲に帰ることはできない。かれはロシア料理の専門店を開業したことについてこう言っている。

「日本人や韓国の人はいいよ。満洲国なくなっても自分の国あるからそこ帰れる。私のようなもの、行くところない。ただ、ハルビンだけは、もう一度行きたい。消えた満洲国をもう一度見てみたい。私が中国人でありながらロシア料理店を開いたのは、ほら沖縄のひとが〝沖縄料理〟やる。私も、そうよ。いまは歴史に残るだけになったけど、満洲国、忘れたくないよ」

連恵文の人生をだれがそのようにしてしまったのか。なぜかれにロシア料理の店を開かせるような運命に押しやったのか。

かれの微笑を眼にしながら私は胸に痛みをおぼえた。

大同学院卒業の韓国要人の動きは……

日韓癒着にからんで岸信介の名が登場し始めてから久しい。韓国と岸信介のあいだにはなにがあるのか。私はたまたま、日本の外務省アジア局北東アジア課がまとめた『韓国における不実企業の実態』を見ていて、どきりとした。

——まさか。

と、私は思った。

そこにはつぎのようにある。

「湖南電力（代表・徐廷貴）は楽喜財閥傘下企業の一つ、外債五、七一四万ドル（フランス・米国借款）と六一・一億ウォンで、一九六八年全羅南道麗水市に着工、一九七一年竣工された。当社の外資導入関係を専任している現総務理事朴治元（元財務部外国為替課長）は、フランス及び米国などを往来しながら、借款供与者らと結託、施設導入をめぐって三〇〇万ドル以上を浮かせたと伝えられる。（中略）当社の社長徐廷貴は青瓦台通の人物で、徐の活躍によって民間火電である当社を韓国電力に売りつけたとの話。青息吐息の状態に陥っている韓国電力は、今年中にいやおうなしにこの民間火電を引き受けることになった」

というのである。

私は事件に驚いたのではなく、〝徐廷貴〟という社長の名前に注目した。かれはたしか満洲の大同学院卒業のはずであった。さっそく『韓国人名簿』『韓国年鑑』などをくってみると〝一九一七年、十二月十七日生まれ。専門学校卒。湖南精油株式会社社長。商業、統一主体国民会議代議員〟とある。さらにほかでたしかめたところ徐廷貴は大同学院の第十五期生であった。

そこであらためて調べてみると、大同学院の卒業生は韓国の各界で活躍していた。参考のために並べてみよう。(昭和五十三年現在)

●韓雄吉（第六期生）……（日本）東大法卒・嶺南大教授。

●申基碩（第八期生）……（日本）京大法卒・釜山大総長。第九代国会議員。

●権逸（第十期生）……（日本）明大法卒。法学博士。日本東京弁護士会会員。駐日代表部法律顧問・民主共和党大統領選挙対策委員会顧問・第八代国会議員を経て、現在は第九代国会議員。日本問題研究所理事長。一九五一年から六七年まで韓国民団団長。日韓議連総会にも出席。

●高在瑟（第十一期生）……（日本）中央大卒。第九代国会議員。

●李忠煥（第十三期生）……弁護士。第九代国会議員。

●金圭敏（第十三期生）……進洋通商ＫＫ社長。

●金三祚（第十三期生）……元国会議員。獣医師会会長。

●裴徳煥（第十四期生）……慶南大教授。亜細亜大学客員教授。

●金炳華（第十五期生）……大法院行政処長。憲法委員会委員。
●崔圭夏（第十五期生）……国務総理。大統領外交担当特別補佐官。（岸政権のとき日本公使）
●趙璣濬（第十五期生）……高麗大学長。
●安光鎬（第十六期生）……ベルギー大使。大韓貿易振興公社社長。韓サウジアラビア経済協力委員会監事。（日韓民間合同経済委員会に韓国側委員として参加）
●金三守（第十六期生）……淑明女子大教授。
●権赫紹（第十六期生）……慶熙大教授。
●姜永晧（第十七期生）……慶北大教授。
●鄭範錫（第十七期生）……建国大大学院長。
●白尚健（第十七期生）……中央大教授。

……以上が主要な人材である。

大同学院の同窓生たちの来日がさかんで、こちらからも韓国にたずねて家庭訪問したりするそうである。右の出身者を見ると当時国務総理の崔圭夏の名もある。それぞれが他大学を卒業しているが、それにしても大同学院には優秀な韓国人が集まってきたことがわかる。かれらはまた、かつては満洲国の官僚をめざして勉学にはげんだのだろうか。

このような大同学院の人脈は韓国ばかりではなく台湾にも伸びている。数年前、帝国ホテルで「日韓華親善懇談会」が開かれたとき梁粛戎団長（立法院法委員・東呉大教授）は立ち上がって、「日韓華三国のつながりがアジアの運命にとって重要な課題であり、その一体化のために現在途絶えている日華関係（国交）を回復すべき大きな課題が残されている」

と発言した。この梁団長もじつは満洲・大同学院の第十四期生であった。

人脈は満洲の大地で青春を燃やした時期を軸にして結びつき、いまや韓国と台湾にまで根を張っているようにみえる。

その人脈はいまも動いている。

大同学院の同窓会会長は東大法科を卒業して満洲に渡り、大同学院第二期生となった宮沢次郎（トッパンムーア・ビジネスフォームKK社長）である。かれは大同学院を卒業したのち奉天省鳳城県参事官をふり出しに各県をまわり、戦後は大蔵省印刷局業務課長のときに凸版印刷KKの故山田三郎太社長の眼にとまって同社の常務取締役として入社し、昭和四十二年以降は、コンピューター関係の紙類を印刷する会社を経営している。

宮沢が大同学院を受験した年（昭和八年）は各地の大学を卒業してやってきた受験生たちが、東大の安田講堂を満員にしたそうである。一千人の受験者のうちから二十五名というすさまじい競争率であった。いま宮沢はいう。

「参事官として奉天省を皮切りに各地を転々としましたが、トウモロコシ、ジャガイモ、アワなどの農産物や豚、馬、牛など畜産関係の品種改良を満人たちと一緒にやりましたよ。軍人とちがって文官のわれわれの武器はかれらとなんでも一緒にやることしかありませんでした。昭和十七年、私は母校の大同学院の教授に迎えられ、若い後輩たちと起居をともにすることになりました。このときの教え子の一人が崔圭夏です。かれは東京高等師範学校を出て大同学院に入ったのですが、成績は同期のなかでもつねにトップで、英語と仏語を自由に喋《しゃべ》ってましたよ。この第十五期は私が教鞭《きょうべん》をとった時期のなかでももっとも粒がそろっていた組でした。崔くんのほかにも金炳華（現・大法院行政処長）、徐廷貴（湖南精油社長）、趙璣濬（高麗大学長）の三人が名をあげていますが、私が韓国に行くと他の期の人ともどもかならず会いに来てくれます。嬉しいことです」

と宮沢は述べている。

防衛庁長官と韓国総理の〝線〟

福田内閣誕生のとき大同学院同期生の三原朝雄が防衛庁長官のポストについた。認証式もすんで前長官からの引きつぎなどで忙しいころ、宮沢と三原の二人は顔を合わせたことがある。このとき宮沢が、

「きみは崔圭夏韓国国務総理を知っているだろう?」

とたずねると、三原は顔をふって、

「いや、知らん。顔を合わせたこともない」

という。宮沢は、

「そうか。同じ学校でも期がちがうとそういうものだろうなあ。しかし、同じ学院のめしを食った仲だ、おれは近いうち韓国に行くから、きみの名刺に一筆、挨拶でも書いとけよ。おれが持っていってやるよ」

と申し出た。三原に異存があるはずがなく、さっそく名刺をよこしたので、宮沢はそれをポケットにしのばせて韓国へ渡った。むこうでは宮沢が呼び出すまでもなく崔圭夏のほうから宿泊先へやってくる。

こちらで宮沢が口にしたのも同じようなことである。

「きみは、先輩の三原朝雄という男を知っているかね」

「いいえ」

「こんど防衛庁長官に就任してね……」

といった具合であった。とりあえず三原から預かった名刺を手渡した。宮沢が、崔国務総理の律義さに感心したのはそれから数日後のことであった。

帰国に際して崔国務総理は、これを三原さんに、といって一通の手紙をことづけた。封がしてなかったので宮沢は思わず飛行機の中でその手紙をとり出して眼を泳がせた。

しごく簡単な文面ではあったがそこには大同学院の後輩として謙虚な姿勢がただよって

おり、「防衛庁長官就任おめでとうございます」

という祝辞が述べられてあったという。

「世間ではいろんな〝線〟を結びつけて勘ぐるむきが多いようですが、大同学院の同窓生たちはそのようなケチなつきあいはやっていませんよ。生涯の友だちとして、協調・信頼のきずなを深めていくだけです。〝満洲国〟は異民族との接触の浅かった日本人にとってかつてなかった大きい体験だったと思います。〝五族協和〟の大精神をかかげ、あれだけの大事業をなしとげたのですから、この経験は今後とも活かして行くべきでしょう。いま東南アジアをまわってごらんなさい。日本にたいして東南アジアの人たちがどんな気持を抱いていることか。怖れのほうが先にたって、尊敬、信頼などは毛の先ほども持たれてはいません。それというのも道義的な、東洋的な〝民族政策〟がないからです。そりゃ〝満洲国〟には欠点も多かった。しかし建国の根本にすえられた〝五族協和〟の精神はいまこそ活かすべきだと考えます。でないと、日本はアジアの孤児になる。外務省アジア局を〝アジア省〟に昇格させ、〝民族外交〟を展開すべきではないでしょうか」

と宮沢は語っている。

一面識もない日本の防衛庁長官と韓国の国務総理が、大同学院の同窓生であり先輩・後輩ということによって結びつき、親しく挨拶を交わす。そのきっかけを〝恩師〟がつくるというのも、国と国、歴史の接点にすれちがった人間と人間との縁を思う。

戦後もいまも満洲の人脈は生きつづけているが、しかし、満鉄調査部や特務機関まで掘りおこしていかなければ蔭の満洲人脈の姿はまだまだ浮かびあがってはこない。

第四章　〝引揚者〟が戦後の日本を変えた

1 〝満洲系人〟の活躍

悲惨な体験を乗り越えて

毎年夏がめぐってくるごとに、私は、戦争中のことや終戦を思い出す。原爆と終戦の玉音放送と復員列車と、墨を塗った教科書、闇《やみ》屋、進駐軍、マーケット、パンパン、ヒロポン、そして、不意に、

――かれらは、いま、どうしているだろう。

と私は、思う。終戦後間もなく、かれら引揚者は、地方の小学校や中学校にぞくぞくと編入してきた。私が育った中国地方の学校では、毎日のように編入生徒が紹介されていた。かれらはみな一様に大人びた顔つきで青白く痩《や》せ細っており、実際に年齢も二つ三つ上の者が多かった。年少のわれわれを子どものように扱い、学校の成績のほうは、いずれも上位を占めた。

かれらは筆舌に尽くし難い惨苦の状況のなかを引き揚げてきて、そのとき、尋常の人間なら数十年もかかって見るような人生を、短期間のうちにすべて見てしまったのかもしれ

なかった。かれらの眼には、〝内地人〟の私たちがあどけなく無邪気に、いかにもせせこましく、生真面目な、田舎者《いなか》にみえたのにちがいない。

当時私たち〝内地人〟は、引揚者やその子どもをいささか別人種とみなして〝ヒキアゲシャ〟と呼んでいたが、その裏には、住むに家なくバラック建ての貧しい家に落ち着いた〝放浪者〟にたいする〝蔑視《べっし》〟の気持がはたらいていた。ところが、あのときから三十八年、ヒキアゲシャたちは零から出発して家を再建し、要職に就いて活躍し、日本の戦後をつくったのはヒキアゲシャたちではないかと思わせるほどである。その子たちもいまは第一線で働いており、

「当時のことはよく知らないのですが、じつは私も、満洲生まれです」

というような言葉をよく聞く。朝鮮、中国大陸、南方からの引揚者も同様である。かれら〝引揚人〟は〝一世〟〝二世〟ともども、内地人の偏狭な〝田舎者〟に混じって、それらを制しつつ、無意識のうちに、戦後の日本の社会に大きい役割を果たしてきた。

戦後三十余年にしてようやく厚生省援護局がまとめた『引揚げと援護三十年の歩み』（KKぎょうせい刊）によると、引揚者総数は、六百二十九万七百二人とある。〝抑留者〟を含めて、各地区別にみると、本土隣接諸島（六万二千三百八十九人）、太平洋諸島（十三万九百六十八人）、ハワイ（三千六百五十九人）、ニュージーランド（七百九

十七人)、東南アジア(七十一万千五百七人)、インドネシア(二万五千五百九十三人)、フィリピン(十三万三千百二十三人)、沖縄(六万九千四百十六人)、台湾(四十七万九千五百四十四人)、オーストラリア(十三万八千八百四十三人)、ベトナム(三万二千三百三人)、香港(一万九千三百四十七人)、千島・樺太(二十九万三千四百九十一人)、ソ連(四十七万二千九百四十二人)、大連(二十二万五千九百五十四人)とあって、もちろん中国(百五十三万五千四百十四人)、韓国(五十九万七千三百二人)、北朝鮮(三十二万二千五百八十五人)、満洲(百四万五千五百二十五人)がもっとも多い。

このうち、満洲についていえば、昭和二十一年の五月七日、リバティ型輸送船58号によって錦西・コロ島地区にあった二千四百人が佐世保港まで運ばれたのが最初である。以後、第一期引揚げから第四期引揚げまで、中共軍地区を含めて、翌二十二年の秋ごろまでつづいた。終戦直後からこの間、引揚者たちがソ連兵による掠奪《りゃくだつ》、強姦、殺人、あるいは栄養失調による死亡、自決、伝染病などの惨憺《さんたん》たる状況に追いやられた事実は数多くの記録や体験記に残されているとおりである。

三十余年を経たいま、引き揚げて来た人たちはかつて満蒙で在籍した会社、職場、学校などを中心にして〝同窓会〟をつくっているが、これらの〝満洲一世〟に、当時まだ幼かった満洲生まれの〝二世〟を加えれば膨大な数にのぼるだろう。

赤塚不二夫も満洲二世

試みに私は、この取材を始めた昭和五十三年の時点で日本の各界で活躍している〝満洲系人〟がどの程度存在するのか、交詢社《こうじゅんしゃ》刊の紳士録の一ページから繰《く》ってみた。〈ア〉の項目から拾いあげただけで、つぎのようにあった。

◇安東弘（六十五歳・元満鉄鞍山工務区長）氷見《ひみ》市水道建設部長、名古屋工事事務所長、米子市水道局を経て、現在は、KK東和エンジニアリング社長。

◇安藤洪次（八十五歳・元満鉄衛生研究所長）東大教授、慈恵医大客員教授、日本実験動物研究会理事長などを経て、現在、実験動物中央研究所名誉所長。医博。

◇安藤鎮正（六十九歳・元満鉄北支経済調査所）総理府統計調査官、統計職員養成所教頭などを経て現在、理化学研究所監事。

◇安藤要平（六十四歳・元満洲興業銀行勤務）名古屋相互銀行審査課長、静岡、八熊各支店長、取締役業務部長、常務業務部長、企画室長などののち現在、名古屋相互銀行専務。

◇足立篤郎（六十九歳・元満鉄参事）大蔵政務次官、自民党政調副会長、田中内閣農林大臣、科学技術庁長官、原子力委員長などを歴任して、現在も衆議院議員。自民党・静岡三区。当選八回。

◇阿久津儆（七十二歳・満洲医大卒）医博、現在は国立都城病院長。

◇阿野顕三（七十歳・元満鉄副参事）向洋炭鉱常務などを経て、現・富士通興業KK顧問。

◇阿比留佐（六十一歳・元満洲軍用犬協会訓練主任）現・山手警察犬訓練所長、日本訓練士連盟理事、日本シェパード犬協会一級訓練士、日本警察犬協会一等訓練士、一級訓練士会幹事長。

◇阿部才二（七十二歳・元満洲興銀勤務）中小企業金融公庫高松・札幌各支店の検査部長などを経て、現・三栄船舶KK社長。

◇阿部　浩（六十三歳・元満鉄勤務）現・若築建設常務。

◇阿部孫四郎（七十歳・元満洲医大生理学教室助手）奈良学芸大教授などを経て、現・関西外語大教授、社会心理教育学研究所長。

◇相生常三郎（八十四歳・元大連商工会議所副会頭、大連市会議長、大連商工会長、南満洲海洋漁業・福昌公司各社長）現・福昌KK社長。下関ヤンマーKK会長。

◇相原信作（七十四歳・元満洲医大予科教授）現・阪大名誉教授。

◇相原義雄（八十歳・元満洲重工財務課長）現・旭ビルKK社長、KK中小企業助成会会長。

◇相見三郎（七十六歳・元満鉄病院長）東京監察医務課長などを経て、現・相見医院長。

◇愛波剛介（八十歳・元満洲住友金属工業業務部長）日本ベークライト常務、住友ベークライト常務、筒中プラスチックKK社長、会長などを経て、現・同社相談役。
◇青木恵伊作（六十歳・元満洲興業金庫勤務）現・KK富士アドシステム常務、大阪支社長。
◇青木恪三郎（七十二歳・元満洲国政府官吏）現・香川県議。
◇青木　固（六十六歳・元南満洲鉄道勤務）現・日精樹脂工業KK社長。
◇青木敬二郎（五十七歳・南満工専建築学科卒）大和ハウス工業KK常務。
◇赤塚亘三郎（七十二歳・元満洲国興京県副県長）現・東北経営計算センター社長、阿武隈クリスタル工業・東奥プレコン振興KK各取締役。
◇赤塚不二夫（本名・藤雄・四十三歳）満洲生まれの漫画家。

2　元満洲官僚の〝戦後〟

いまに生きる満洲系人の友情

……あげてゆくと、かぎりがない。

「紳士録」百ページのうちに五十人ばかり登場するから、全ページには少なくとも二千人の〝満洲系人〟が記載されていると思われる。わずか十二、三年間の歴史しか持たない〝満洲国〟がこのように多くの有能の人物たちを輩出したことは、おどろくべきことである。

前述したように、満洲系人の象徴ともいうべき古海忠之は満洲国建国とともに星野直樹に連れられて満洲に渡った大蔵官僚であった。

古海が象徴的存在であるところは、その後、ソ連軍に逮捕され、ソ連および中国で十八年間の抑留生活を送った経歴にもよっている。帰国したのは、昭和三十八年三月であった。昭和七年の渡満以来、満洲国と命運をともにして、なんと三十年あまりにわたって外地で暮らしたことになる。かれが帰ってきたとき、すでに戦後十八年におよび、かつて総務庁の同僚であった岸信介も、首相の座を退いていた。古海を迎えた岸信介たちは、もちろん、かれを放っておかなかった。

「齢既に六十三歳になっていたが、私は生きて祖国を踏むことができたのだ。それは嬉しさを超えたもっと高い複雑な感情であった。ともあれ私のドラマティックとも言える前半生が終り、この日から第二の人生が始まった。（中略）無一物で帰ってきた文字通り今様浦島太郎の私は、暮す術もなく、お手揚げの状態であった。しかし故池田勇人総理をはじめ数多い私の友人知己が有難い援助の手を差しのべてくれ、お蔭で暮しの目途もついた。私は、この時、友人知己は何ものにも代えがたい大資産であることを痛感した。私は何か意義のある定職を持ちたいと考えていた時、池田総理は、「古海、お前は以前からその希望だったし、政治家が一番向いているから、今度の参議院選挙に出ろ」と強く勧めるのである。流石に私もこれは無理だと思ったが、岸信介前総理もやれやれと勧める。満洲引揚者達は絶対に政界に進出すべきだと喧しく言ってくる。遂に私も決心して昭和四十年の参議院議員選挙に全国区で出馬することを決めた」（著書『忘れ得ぬ満洲国』の二百六十ページ）

と、古海は帰国直後のことを述べている。

不幸にしてこの選挙の結果は落選に終わったが、私には、辛苦の果てに戻ってきた友を励ます〝満洲系人〟の友情が興味深い。古海自身が述懐するとおり、友人知己……〝人脈〟は、なにものにもかえがたい大資産である。

福田赳夫元総理も、かつて若かりしころは、大蔵省主計局調査課長のあとは南京政府財政顧問をつとめたことがある。次期総裁を狙《ねら》っていた大平正芳の〝満洲体験〟については、以前にも触れた。

一身を捧げる思いの満洲転勤

満洲事変後、関東軍の支配のもとに満洲国が建国されたのは、昭和七年三月であった。建国式をあげ、溥儀氏を執政に据えたのは三月九日である。鄭孝胥《ていこうしょ》を国務総理とし、総務長官に、駒井徳三を特任し、長春（新京）を国都と定めた。このときから、日本内地の官僚が満洲に送りこまれることになる。

古海忠之によると、大蔵省にはじめて話が持ち込まれたのは、その年の六月のことであったという。当時、古海は大蔵省管財部国有財産関係の一事務官であった。上司の国有財産課長は、のちに〝二キ三スケ〟の一人にあげられることになった星野直樹である。このころ、省内の中堅幹部の動きがなんとなくあわただしくなり、古海と仲よしの田中恭事務官、松田令輔事務官などは額を寄せて、どうも満洲派遣の異動らしいと推測し、

「お互いに満洲くんだりへ行くのはご免だ。満洲行きのすすめがあったとしても、三人は一体の態度をとろう」

と、確認し合ったという。

そのとき大蔵省には、関東軍、陸軍省を通じて〝有能な大蔵省官吏の一団を派遣せよ〟という要請が届いていた。大蔵省としては適当に人選を、と思っていたらしいが、そこへ、星野直樹課長が爆弾発言をおこなった。日本の生命線といわれる満洲へ送り込む人材は、新国家建設の重要性から考えて、省内第一流の人物であるべきだ、というのである。この際、賀屋興宣《かやおきのり》、石渡《いしわた》荘太郎、青木一男、大野竜太というような幹部を団長にすべし、と正論を吐いた。しかし、かれら四人は当時大蔵省の四天王といわれた人物たちなので、なかなか満洲行きの結論は出ない。結局は、黒田次官が高橋是清大臣の意見を求めたうえ

で、星野直樹にむかって「きみが適任だ。きみに行ってもらいたい」ということになったという。

星野は再三断わったが、大蔵省側の考え方は変わらない。

ついに星野も承諾し、部下には若手官吏を選ぶことにして、まず田中恭を説得した。星野の熱情に感動した田中は満洲行きを承知し、松田と古海にも、そのことを告げて相談する。二人も星野の熱情を伝え聞いて、「少壮官吏であるわれわれが消極的態度をとることは恥ずべきである」と考えて満洲行きを決意するにいたったという。

星野直樹は新満洲国の財政部総務司長、次官という要職。ついで、その配下として〝満洲官僚〟となった大蔵官吏をあげておくと、田中恭（財政部理財司長＝局長格）、松田令輔（総務庁主計処長＝局長格）であり、古海忠之はほかに局長級のポストがないので星野の〝参謀役〟をつとめる立場で、まず財政部文書科長についた。ほかに、田村敏雄（税務司国税科長）、永井哲夫（関税科長）、山梨武夫（会計科長）、阪田純雄（浜江税務監督処副署長）といった顔ぶれである。なお、財政部税務司長（局長格）にはすでに大蔵省から関東庁に移籍していた源田松三がついており、協力を約束していた。

以上は、主として古海が述べているいきさつと役職名だが、私が当時の「官報（千六百五十一号）」や、「満洲国政府公報（第三十一号）」の任命辞令を見たところでは、少し異なる。しかし、まず、満洲官僚の主流となる大蔵官吏の出陣は、以上の顔ぶれだったと考えてよい。

そのころ満洲といえば、寒い野っ原、未開の地のイメージしか浮かんで来なかった。省内にそのまま在職すれば出世コースを歩む若手官吏が、わけのわからぬ土地に出かけるのだから悲壮な覚悟である。

当時の東京朝日新聞（七月十日夕刊）は、「若手高等官が満洲国へ。骨になる覚悟で行く」と題し、「一身を捧げる悲壮な決心の下に移住する役人の一団が現れた。日本官吏とは縁を切って乗り込む以上、彼の地に骨を埋むる覚悟である」と書いている。また十二日には、「平和の義勇兵」として東京駅を発つ一行のことを報じた。

「一行は特に助役の案内でホームに入れば、待ちかまえた親兄弟が抱き合わんばかりの騒ぎ、見送り人の中に軍人の姿が多く見られた。展望車の後に乗り込んで、いよいよ出発ともなれば、群衆から歩み出た兵士が『兄さん、しっかり、さようなら』と叫んで、ホームの人々をしいんとさせた」

とある。まさにこれでは戦場に赴く出征兵士ではないか。

古海が途中、奉天に下車して関東軍の首脳部に挨拶したあと新京に到着したのは東京を発って四日後の夕刻であった。駅頭には阪谷希一総務庁次長（副総理格）ほか源田税務司長など十数名が迎えに出ていたという。

〝満洲国建設〟の舞台裏

これら元大蔵官僚のうち私は、五年前、七十九歳になる源田松三と、八十二歳になる古海忠之に会っている。源田は、戦後、日本海外移住の専務やモロゾフ酒造ＫＫ社長を経たのちに、広島県加計町の町長として余生を送っていた。私は岸信介や星野直樹にまつわる話を含め、一つの証言として、源田の思い出を聞いておきたかった。

「私が満洲へ行ったのは昭和二年。入省して四年目のことだ。青木一男さん（当時、大蔵大臣秘書官。のち大東亜大臣）に呼ばれて、支那と満洲を研究してみる気はないかといわれた。当時はまだ満洲国は建国されておらず、〝関東庁〟といったころです。関東庁への〝出向〟は一種の左遷とみなされる傾向があった。そこで、青木さんは、行ってくれ、とは言いにくかったのでしょう。だが、私は、入省四年目でいささか、きまりきった官吏生活がいやになっていた。だれでも官僚生活には、そういう分岐点というものがある」

源田は、行きましょう、骨を埋めるつもりでやってみましょう、とあっさり答えた。大連に赴任してしばらく〝研究〟の一環として各地を歩いているうちに張作霖《ちょうさくりん》の爆殺事件がおきて忙しさを増したが、しだいに各方面の満洲経営にたいする考え方がまとまってきた。

一つは満洲を、朝鮮・台湾と同列におく考え方であり、いま一つは五族平等の独立国として建設し、日本もそれに参加するというものである。どちらも〝民族協和〟を旗じるしに掲げているが、前者はそれを手段として考え、後者はそれを目的としている。

源田が最初に手がけた大仕事は満洲国における財政基盤の確立であった。そのためには大連海関（税関）を手中におさめて、満洲全域からあがる租税を日本側の収入にしなければならない。当時、大連海関は満洲からあがる租税のうち七割を占めていたが、これは日支間（孫文および蔣介石）の条約によって、支那側にとられている。そこで、悩み抜いた末に源田が思いついたのは〝大連海関反乱〟の策謀であった。

海関（税関）の全職員を抱き込み、南京政府にたいして反乱をおこさせようという。これを考えた源田は、海関長である福本純三郎（大山郁夫の弟）に話を通じる前に、本庄繁関東軍司令官をたずねて、ひそかにプランを打ち明けた。

「だれが海関の職員を説得するのか」

さすがに本庄司令官は、おどろいた。

「もちろん、私がやります。ただし、工作費として十五万円をご用意いただきたい。なお、成功した場合は、海関長以下全職員の俸給と身分を保証してください」

と、源田は答えた。

こうして本庄司令官の諒承《りようしよう》を得た源田は、人目に触れぬよう宿泊先のやまとホテルに福本海関長を呼び、「大連海関の接収命令を出します」と告げた。福本は蒼白な顔になって絶句したが、源田は、「満洲国建設のためにやっていただきたい」とつめ寄る。福本は、しばらく沈黙ののち、「私も日本人です。満洲国建設のためには、なんとかしたいと思う。しかし、二十四時間の猶予をください。二、三人の幹部にはかり、全職員を納得させなければこの反乱は実現しない」と言って帰っていった。「すべて、おっしゃるとおりにいたしましょう」と、福本が返答を持ってきたのは翌日のことであったという。

一ヵ月後に大連海関は事務不能の状態に陥り、福本海関長以下はすべてクビにされたが、建国と同時に満洲国官吏として全員採用された。

「満洲国財政の基盤は、こうしてできた」

と源田松三は尽きせぬ感慨をこめた表情で語った。建国とともに源田は税務司長から人事処長となり、人事、給与制度を定める立場におかれる。このへんの話から〝人脈〟がいろいろと絡んで登場してくる。

まず人事制度の立案に際して、源田は、「日本人と他民族とのあいだに給与の偏差を認めるべきではない」「〝五族協和〟の精神を給与制度にも反映させるべきだ」と主張したが、この考え方は星野直樹や古海忠之と対立したという。かれらは、なんらかの名目をつけて日本人のほうに給与を厚くしようとした。古海が著わした回顧録によると事情は少し異なるのだが、源田は、

「私は最後まで基本線を貫こうとしたが、星野、古海氏たちの背景には関東軍がいて、結局は押しきられたかたちとなった」

と言っている。

昭和十一年にいたって、源田は辞表を提出。当時の大達茂雄総務庁長（長官）に慰留されて、ようやくとどまったが、〝満洲国文官任用令〟を制定するころには完全に星野の考え方と対立したという。源田によると、星野直樹は〝数〟にものいわせる主義で、〝徹底して日本人を採用する〟と主張していた。

「私は満洲国建国以前の関東庁にいたころ、ある支那人が、〝英国人が一人くると支那人の三人に職が与えられる。が、日本人が一人くると、三人の支那人が職を失う〟と言うのを聞いたことがある。私は日本人を入れる場合、少数精鋭主義でゆくべきだと思った」

と源田は言う。これを聞くと、〝五族協和〟を信奉した古い〝満洲系人〟と、建国とともに中央官庁から出かけた〝満洲官僚〟とのちがいがはっきりわかる。

3　岸信介の人脈づくり

岸信介が満洲に残したこと

星野直樹は、満洲に渡ってから四年目、昭和十一年の暮れに最高位の総務庁長の地位についた。渡満以来、腹心の配下には第一陣組の古海や松田、田中、田村などがいる。同じ大蔵官僚とはいえ、みずから志願して出陣したかれらの〝野心〟と、なかば左遷のようなかたちで早くから関東庁に渡満していた源田の〝五族協和〟にかける気持とは、微妙に食いちがっていたのかもしれない。積極的な態度で〝出征〟した若手官僚の熱情は、おのずから権力を露骨にする方向へ走っていたと思われる。

「二キ三スケの名が出るころから、満洲はおかしくなった」

という声はこのへんから出ている。商工省のエリート官僚、岸信介が、美濃部洋次（美濃部前都知事の従兄弟）、椎名悦三郎、山下茂といった親兵とともに満洲にのりこんでくるのも、このころ、昭和十一年十月のことである。やがて岸は、満洲国実業部次長として活躍し始める。〝人脈〟の妙を物語る一例に、源田と岸信介のかかわりがある。源田は、前記のとおり、人事にたいする考え方の相違があって星野たちと対立し、星野が総務庁長に就任したのと同時に、「あなたもやりにくいでしょう」と星野に辞表を出してしまった。源田がみるところ、星野は得たりや応とばかり辞表を受け取ったのに、翌日になると、おかしなことに、辞表が手もとにもどってきた。

不思議に思っていると、ふらりと岸信介が笑い顔をみせながら訪ねてきた。源田は青木一男に紹介されて内地では幾度か岸信介に会っている。

「昼飯でも食いにいかないか」

と岸が言う。二人はやまとホテルに出かけた。そこで交わされた対話は、ざっとつぎのようであったという。

「源田君。きみが、星野さんや古海君と合わないことは知っていた。しかし、満洲にたいする考えが根本的に異なっているわけじゃないだろう」

「いえ、そこがちがうから合わないんです」

「しかし、満洲を去るのは本意ではないはずだ」

「そうです」

「それでは、残ったらどうだ」

このときになってようやく源田は、辞表を却下させた主は、岸信介らしいと思い当たった。

「ポストをかわるのならいいだろう」

と岸は言った。希望があれば言え、といわれた源田は、「地方に出たい」と答えた。その結果、源田松三は浜江省の次長となって地方に行くことになる。

やがて三年後、岸信介からの電報が舞い込んだ。ただちに新京に出てこいという。出張してゆくと、岸は、

「今度、内地（商工省）へ帰ることになった。ついては、きみに詫びなければならない」

と頭をさげる。源田がおどろいていると、岸信介は、「きみが地方へ行きたいと言ったと

き、その後のことは引き受けると私は言った。にもかかわらず、ここで内地へ帰らなければならぬのは残念だ。きみに申しわけないと思う」

とくり返した。

「とんでもない」

眼の前で詫びる姿を見ながら源田は、岸信介という人物の偉さをあらためて感じたそうである。

その後、源田は終戦とともにソ連軍に捕えられ、ラーゲリを転々としたのち、昭和二十四年に帰国した。「人生は、満洲でほぼ燃焼しつくした」という話を聴いていて、私は、源田松三の〈岸信介観〉が昔と変わっていないのが印象深かった。

「岸さんをめぐる〝日韓汚職〟の噂などを聞くたびに、腹にすえかねとるのです。満洲を去るときの、あの岸さんの誠意にあふれた態度を思い出すとき、〝汚職〟云々《うんぬん》というようなことは考えられない。だいいち岸さんは、ナマの金を受け取るような人ではない。そりゃ政治家だから金もつくるだろうが、危ないと思う金は絶対に受け取らない人だよ。けしからん噂だ」

と言う。満洲時代に接した岸信介の人物像がいまも源田松三の脳裡に、そのまま生きているようである。

このような〝人脈〟を岸信介は、満洲で、数多くつくったように思われる。なまぐさい

〝人脈〟もできたにちがいないが、少壮官僚としての、爽快《そうかい》な精気あふれる〝人脈〟も多くできた。このころの岸信介を知る人は、たいていの場合、光りかがやく官僚のホープとして、その才能や人柄をほめたたえている。しかし、「だから現在も」というのは飛躍にすぎるだろう。たしかに満洲における岸信介は活発にして人情あるタレントであったかもしれぬが、その後の岸信介は、軍需次官、商工大臣、終戦、総理総裁と、権力構造の中枢を歩いてきた。〝ひとがいいから汚職はしない〟〝汚職するような人ではない〟という人格論は満洲時代には通用したかもしれないが、単純にすぎるように思う。当人が好むと好まざるとにかかわらず、歩いてきた道のゆえに、岸信介は、日本の権力構造あるいは〝ニッポン汚職構造〟の中心あるいは頂点に坐らされているのである。

人は変わらないが、状況は変わった。その状況や構造のなかに、懐かしい〝友情〟や〝思い出〟や〝人脈〟を混入させると、当人たちはいくら否定したところで、結果的には権力による〝汚職〟や〝利権〟となってあらわれる。満洲人脈にもそういうところがあると思う。

大蔵官僚と商工官僚の差

もっとも、誤解ないように言っておけば、源田松三はただ往時の懐かしい岸信介について語っているにすぎない。

のちには〝対立〟の感情を抱いたらしいが、源田にとっては、古海忠之ももちろん戦友である。大連海関の接収も古海たちとの共同作業であった。満洲国の生き字引ともいえる古海は、さきに源田が私に述べた人事・給与の問題についてもくわしく著書に明かして、〝五族協和〟の精神に則して行動したと説明している。

が、ここでは、実際に会って聴いた話を紹介させていただこう。古海は星野直樹と岸信介を比較して、つぎのように語ってくれた。

「私は岸さんを学生時代からよく知っていた。すでに東京帝大法科に岸信介あり、として有名であった。義兄の小金義照（元郵政大臣）が、〝岸というやつは、いまに大物になる。一度会っておけ〟と言って紹介してくれたのが最初であったと思う。その後、十数年を経て、満洲で再会したということになる。かれは実業部（のちの産業部）、私は総務庁で仕事をしていて感じたのだが、岸さんという人は外見の繊細な印象に似合わず親分肌のところがある人だった。なんとなく周囲をとりまとめていく力があるし、こまかいところでこせつかない。人間は風貌だけでは判断できないものだと思った。

これにたいして、星野さんは勉強家で卓見の持ち主だったが、親分肌というようなところはなかった。たとえば私が主計処長の時代、総務庁には機密費の制度がおかれていた。いい仕事をするためには金が必要というので機密費を使っていたのだが、星野さんが総務長官（庁長）に就任したとたんに呼びつけられて、きみたちは機密費をもらっているそうだが、おれはそれを廃止するからそう思えと言われる。たしかに"機密費"がなくても仕事はできるけれども、星野さんは真面目いっぽうのやり方であった。戦後、政界に出た岸さんと、引退した星野さんとの生き方が比較されたものだが、星野さんのタイプは政治家には向いていない。おそらく、幾度か政界からの誘いがあったことだろう。しかし出なかった。夫をよく知ってる奥さん（操夫人）がコントロールして出馬させなかったのでしょう」

という。

〝ニキ三スケ〟のうち、東條英機は絞首台上に消え、星野直樹は実業界で余生を送り、松岡洋右亡きあと、鮎川義介と岸信介だけが戦後の政界の波に乗り出していった感じである。もちろん、エネルギーと余力からみれば岸信介がだんぜんずば抜けている。私が聞いた古海の回顧のなかには、こういう話もあった。

「甘粕《あまかす》（正彦）が上海および中国大陸で排英工作を企てたことがある。中国語のうまい日本人たちを養成して、中国人のあいだで、じわじわと工作させようという。しかし、そのための謀略資金がない。そこで甘粕は、〝古海さん、どうでしょうか〟と金策を相談してきた。いまからいえば、億の単位になる大金だ。星野さんのところへ行っても、どうせ、そんな得体の知れぬ話は聞いてくれないにきまっている。私は、岸さんに、相談した。岸さんは、話を聞き終えると、〝よかろう〟と気軽に言う。担保には、甘粕が所有している満洲各地の鉱山開発権をとる、と言ったら岸さんは、〝おれはまだ鮎川さんに無理を言ったことが一度もない。今度だけは頼んでみよう〟と答えた。その結果、億の単位がつく大金が、スムーズに、鮎川義介さんのポケットから出たのですよ」

という。政治力といおうか、金をつくる才能といおうか。大蔵官僚と商工官僚ながら、同じ官僚として、星野と岸とでは〝機密費〟を削ってしまう潔癖な性根と、〝謀略費〟を素手からつくり出す才能とまるでちがっている。戦後も、いまも、岸信介にたのめば、

「よかろう」

と、じつに頼もしく答えが返ってくるのではあるまいか。岸信介に言わせれば、それが政治、というものかもしれない。ついでながら、古海が語る岸信介と東條英機の比較もおもしろかった。

「岸さんとは逆に、東條さんは軍人というよりも、はなはだ官僚的な感じのする人であった。面談している最中にも、こちらの話を几帳面に書きつけてゆく。話の途中にさえぎって、〝おい、待て。それで……〟とメモをとってゆく。太っ肚《ぱら》なところを見せようとする軍人が多いなかで、かなり変わっていた。こうした理詰めで、事務的なタイプなので、星野さんとはウマが合うらしく、実際に仲がよかった。したがって、岸さんとは、まるでちがうわけだ。板垣（征四郎）参謀長から東條さんに替わって、満洲国全体の雰囲気が官僚的になっていったといえる。参謀たちから苦情を聞かされたのも東條さんにかわってから

であった。立案して書類を持っていってもメクラ判をおしてくれない。きちんと理由を説明して、うるさいほどの質問を受けてようやく承認される。参謀たちに頼まれて、私も、よく説明に出かけた。やはり岸さんとはちがうタイプです」
と言っている。

4 岸・椎名のコンビと関東軍

力をみせる満洲官僚の結束

国際善隣協会ビルの中で私は、さまざまな人に会ったが、そのうちの一人に、亜細亜企業KK取締役の下島儀貞がいる。下島は昭和八年に渡満し、しばらく浪々ののち、満洲国実業部に籍を置いた。岸信介・椎名悦三郎の部下として働いたかれは、「官僚は軍の手先ではなかった。関東軍と喧嘩《けんか》して日本へ帰ってきた役人も多い。軍の要求にたいして、ときに対立しながら、なによりも民政に重きをおく考えで仕事を進めた。なかでも、岸さんは反骨であった」と言い、つぎのように語っている。

「本来、官庁というところは、長と名がつく上司は喧嘩せず、課長クラスの前線将校に喧嘩させておいて、その後おもむろにトップが出て行って妥協案をつくるという傾向がある。が、岸信介・椎名悦三郎のコンビはまるで逆であった。親分の岸が喧嘩してきて、それを代貸《だいかし》の椎名さんが仲介してまわる。腹を立てている軍人たちをなだめ、まるめこんでくる椎名さんの手腕は抜群でした」

これを聞くと、岸信介の侠気もさることながら、椎名の政治的手腕もまたその後の活躍を思わせるものがある。

下島はその後、実業部から興農部に移り、オーストラリアにも留学した。もう一度、満洲に渡ろうとしていたときに太平洋戦開戦となり、岸信介にとどめられて商工省に入ったという。戦後昭和二十四年まで通産省にいた。通産省を辞めたのもまた、岸信介のため、である。

「岸さんが巣鴨プリズンから出てくるというので、通産省の幹部連中が集まり、出所後の岸さんを世話してくれる民間会社をさがそうということになった。顧問とか、会長とか、……要するに飯代を出してくれるところはないかと、それぞれ局長クラスが自分のテリトリーの企業を駆けまわり、頭をさげて歩きました。しかし、各企業とも、一つはマッカーサーへの遠慮もあり、また一つには岸さんにお世話になった幹部たちはパージで追放されていたこともあって、岸さんを世話しようと引き受ける会社が一社もなかった。そこで、それならいっそ新しい会社をつくって、そこの取締役会長に岸さんを据えようということになりました」

という。満洲官僚の〝友情〟はかくもあろうかという話である。その新会社から岸信介の〝飯代〟をひねり出すべく、社長には、当時やはり追放されていた満洲系の官僚・美濃部洋次を据えた。このとき美濃部は社長を引き受ける条件の一つとして、下島儀貞を貸せ、と申し出た。かくて下島は通産省を退官し、美濃部のもとで、「日本合成繊維株式会社」なるものを設立する。資本金一億円はほとんど下島独りが東奔西走して集めたといわれる。

ところが、巣鴨から出てきた岸信介は、満洲系を中心とした下島たち（元通産・商工官僚）の思惑とはべつに、日本再建連盟をつくって、政治の世界に走っていった。

こうなると、下島としては、新会社にこだわる意味もなくなり、みずから南太平洋地域の開発と貿易を目的とする会社を設立して現在にいたっているという。

満洲人脈、あるいは官僚人脈、岸信介人脈の存在を示す〝美談〟といえるだろう。下島は、あと一年間も省内に在籍すれば恩給がつくという時期に、敢然として、岸信介のために官庁を辞めたのである。その結果が実らなかったにもかかわらず、下島はいま淡々として言う。

「通産省を辞めたいきさつについては、いまとりたてていう問題でもありません。私は自分の人生のもっとも大切な時期を、新国家の建設という一つの大きい目的に向かって邁進《まいしん》した。役職は異なるが、岸さんも同じような使命感をもって働かれた。五族協和の理想郷という空前絶後の課題に取り組んだ同志的結合の前には、私個人のことなど、どうでもよかったといえるはずです」

このような官僚人脈を、ときに冷たく、ときに厳しく凝視しているのは、おもしろいことに、かつて満洲時代に相たいしていた関東軍の軍人・参謀の人脈である。

「満洲時代、満業（満洲重工業開発ＫＫ）会社法によって、鮎川義介は架空の赤字を満洲国に支払わせ、その数千万円の大金を岸信介の〝機密費〟に流していた」

「国際善隣協会の創立に際して鮎川義介の寄付金は入っていない。当時会長であった本庄元大将が断わった。にもかかわらず、四、五年前、新橋移転にあたっておよそ一億円の差益が出ると、岸信介が現われて、鮎川に一千万円を与えろ、と口をきき、ついに成就させた」

……などと、官僚人脈＝岸人脈の裏を衝く話も聞かれる。

第五章　特務機関からＧＨＱへ

1　満洲特務機関とGHQ

なぜ、かれらは口を閉ざすのか……

元特務機関員という経歴を持つ人たちをたずねて話を聞く、あるいは取材する、というのはなかなかむずかしい。

「いま、病気でふせっていますから」

と断わられることもあれば、「そのうち陽気がよくなってからにしましょう」と、やんわり逃げられるときもある。六十前後から七十を越える人物が多いので、健康を害しておられることもあるが、たいていは、「あまり喋《しゃべ》りたくない」のである。実際に会ってみて

「マスコミに喋ったって仕方がないでしょう。私は売名の必要もないし、あなたたちを喜ばせる義務もない。マスコミは、どうせ、私たちの言葉尻やおもしろいところだけを興味本位にとりあげて、鬼の首をとったみたいに騒ぎ立てて商売にするのでしょう。いつも、ほんとうの歴史を歪《ゆが》めている」と皮肉をこめていう人もある。

「あなたのことを調べさせてもらいました」

と、のっけから私に告げる人もいる。

――べつに不審な者ではありません。

「いや、自分にとって、あなたがどのような対象なのか、たしかめて会う必要がある。名刺一枚を信頼して喋るわけにはゆきません」

という。こうなると、取材は、紹介者から紹介者へとたどっていくことになる。その場合も、〝紹介者〟は、かれにとって、真に〝信頼〟のおける人物でなければならない。せっかく会いながら、他の元特務機関員の名を出したために、急に口をつぐまれた例もある。知らぬうちに、こちらの家庭の事情まで調べられていることもある。なにしろこういう人たちは、諜報《ちょうほう》・謀略を仕事として育ち、情報の収集、分析においても〝超先輩〟であるから誤魔化しはきかない。当人たちにしても、なかば習性として、無意識のうちに、状況判断の動きが生まれるのであろう。だが、いま一つの大きい要素は、この人たちの多くが、老いてなお〝現役〟であるということである。〝情報〟の提供先は内閣調査室であったり公安調査庁であったり、政治家個人であったり、第三国であったりする。独りで仕事をしていることもあれば「××研究所」あるいは「研究会」と称して、事務員や部下を擁していることもある。〝知恵〟を武器とする仕事にとって、頭脳の老化さえなければ、年齢の多少は問題でないのである。この人たちの目や体は、もちろん、マスコミのほうを向いていない。かれらが奉仕する対象は、国家であり、政治であり、民族であり、ときには自分個人のためである。

一度、二度と訪問を重ねてようやく洩《も》れてくる話は、ノモンハン事件から始まって張《ちょう》作霖《さくりん》の爆殺、柳条湖の鉄道爆破、盧溝橋の発砲事件、日ソ中立条約、終戦、シベリア抑留、GHQ、CIC、CIA、ロッキード疑獄……と、いずれも戦前・戦後・現在の歴史にかかわる生々しい活動の体験談、目撃談であり、それらはときに、これまで知られた歴史を塗りかえるほどの事実性を持っている。それだけに、「自分が体験した事実こそ歴史である」という確信もある。かれらにとって、新聞や雑誌が書く〝事実〟や〝歴史〟は皮相なとりとめない、こまぎれの弥次馬史にすぎない。

往々にして、特務機関や諜報機関の活動の経過は、マスコミによって〝裏面史〟あるいは〝暗い部分〟として表現されるが、かれらにとっては、自分たちがつくってきた歴史こそまぎれもなく〝正史〟である。ただ、「まだ生きている関係者が多く」「誤解をまねくおそれがあるので」語ることができないだけなのだ。政治・外交に諜報・謀略はつきものである。とりわけ〝民族意識〟の欠如した現下の日本では、自分たちの体験談は単におもしろくマスコミの商売にされ、ときには〝敵〟に逆利用されるという用心がある。日本の特務機関の活動は、〝民族〟のなかに入り込み、〝民族〟を勉強して〝民族〟を自覚したというところに特徴がある。

民族主義を拠《よ》りどころとして

戦後、ＧＨＱ協力のすすめを断わり某大学で民族学の講座を持った元特務機関員氏は、そのときの心境をこう言っている。

「日本という国は、四囲を海にかこまれて、単一民族として暮らしてきた。そのため、お人好しで、他民族との相剋を体験することもなく過ごしてきている。民族学も発達していない。いま、日本では、〝世界は一つ〟とか〝人類愛〟だとか、もっともらしいスローガンが横行していますが、これほどの欺瞞《ぎまん》はありませんよ。民族というものは、たとえどの民族でも、まことにエゴイスティックで、その本性は消滅しない。私はそのことを満洲という国での体験を通して、如実に知らされたような気がします。たとえば当時、北朝鮮にいる金日成はしきりにゲリラ活動をつづけていましたが、電話線を切られたり鉄道を破壊されたりして、一般の民衆も迷惑をこうむるのに、だからといって、かれを告発する者はいなかった。心底では、同じ民族の血が流れている仲間だという意識がはたらいているのでしょう。かれらはいったん私たち日本人に協力しても、いざというときにはさっと背を向ける。もともと背を向けていて、ある局面だけ協力するといったほうが正確でしょうね。終戦後、日本人は、むしろ喜んでＧＨＱに協力した。これは、日本人が単一民族であったため、民族的修練がなかったからですよ」

興味ある教訓を口にする。

元特務機関員たちの戦後の生き方は、こういう〝民族主義〟に貫かれている。後述することになるが、満洲特務機関の特色は、対ソ連についての諜報・謀略活動であり、終戦後、世界随一といわれたベテランたちのこの集団をGHQが見逃しておくわけがなかった。

旧特務機関のある責任者によると、

「進駐とともに、約三十名の満洲特務機関員がGHQに集められた」

という。かれらは選別されて、G2（情報部）を助け、ひきつづいて対ソ諜報活動、ソ連研究をおこなういっぽう、日本共産党にたいする活動もおこない、CIC、CIAとも結びついていく。その生き方を選ばせたのもけっきょくは〝日本民族〟を思う〝民族の血〟だと思われる。

「戦後、昭和史に関する本がいろいろと出ました。事件の評価やら結果については、あるいは指摘のとおりかと思う内容も多い。しかしその渦中に、この身で生きてきた私からすると、われわれ（特務機関員）がもっとも大切にしていた事実や真実が欠落しているような気がする。結果からみて、なんとアホなことをしたものだ、といわれるようなことも、当時としては必然性があった。同時に、やむにやまれぬ、生き生きした血が、行動に駆りたてた。それを見逃してもらいたくない」

と、ある元機関長の一人は言う。言いかえれば、それは〝民族の情熱〟のようなものであろうか。

Ｄ・Ｏ氏が語る対ソ諜報《ちょうほう》活動

「特務機関」という呼称は陸軍の官制にはなく、軍の制度上からいえば、通常の軍務から逸脱したいっさいの業務を執行する機関である。特務……諜報・謀略活動……をおこなった第一号の軍人は、参謀本部直属の荒尾精《せい》中尉だったといわれる。話はちょっと古くなるが、明治十九年、かれは大陸事情研究という名目のもとに上海に派遣され、日清戦争のための情報収集のため、軍籍を離れて、〝日清貿易研究所〟なるものを開く。ここに早くも〝研究所〟という名称が生まれているのはおもしろい。この日清貿易研究所を母体にして、やがて、東亜同文書院が創設される。日露戦争のころは、横川省三、沖禎介といったような国士型の軍人が多かったが、しだいに、軍の下部組織として浪人型の機関や機関員がふえていったらしい。

シベリア出兵の後始末として設置されたハルビン特務機関から特務活動は本格的な時代に入る。ハルビンは、ソ連領にたいする前哨地点として、対ソ諜報活動の拠点であった。国境監視、無電傍受、暗号解読、スパイの投入、白系露人の利用など謀略も軍事・政治にわたっていた。やがて、パリや東ヨーロッパにまで下部機関をひろげて、機関要員は三千名といわれ、〝世界一〟の特務王国を築くにいたる。はじめ下部機関として生まれた奉天特務機関は対満蒙諜報・謀略活動を任務とした関東軍の情報機関であったが、これも関東軍の満洲経営の意図が露骨になるにつれて、政治工作機関となって、満洲事変、満洲国建設、日華事変へと時代を動かして行く。ハルビン特務機関、奉天特務機関は、各地に支部や分派をつくり、その数は、四十カ所から五十カ所におよんだといわれる。

ハルビン特務機関は、関東軍に直結し、関東軍参謀部は陸軍参謀本部第二部に直結していた。終戦まで、およそ三十年間つづいた対ソ諜報、ソ連研究の蓄積は、世界の注目の的だったといってよい。陸軍もまた、その中枢には俊英を送り込んだ。

都内神田の片隅に、「研究所」を持つD・O氏(七十三歳)は、その一人であった。陸軍大学を卒業し、参謀本部第二部ロシア班に勤務したのち、駐ソ・日本大使館付陸軍武官を経験。ふたたび参謀本部のロシア班にもどり、やがて関東軍の参謀部二課へ転じて行く。陸大では恩賜の刀をいただいたエリートであり、日ソ中立条約の真の発案者でもある。戦後は、GHQの手伝いから、やがて公安調査庁に移った。この人の歩いてきた道をのぞいてみよう。

私が数年前「研究所」をたずねて行ったとき、D・O氏は、手ぎわよく新聞を切り抜いて整理しているところであった。

――ソ連の原子炉衛星が墜落したという事件は、寝耳に水のことで、おどろきましたね。

「そうですか。ソ連が原子炉衛星を飛ばしていることは、公刊資料のデータとしては出ていませんが、当然、予想していたことでした」

――日共で騒いでいた宮本・袴田《はかまだ》論争のときもいろいろ調べられたとか。

「アメリカのフーバー研究所の所員からその資料を集めてくれるように頼まれましてね。日本共産党がかかえてきた弱味が出てきていますね」

――袴田氏によると、野坂参三氏はＦＢＩと連絡があり、スパイだという……。

「私はモスクワのコミンテルン大会で、ちょうど、野坂参三の演説を聞いている。そのあと延安にこもり、フランス共産党員の手引きでアメリカへ渡っているが、そのとき、ＦＢＩと接触があったことは考えられる。べつに想像を絶するようなことではありませんよ」

というような雑談から、われわれは、氏の思い出ばなしに耳を傾けた。

「情報というものは焦《あせ》って取ろうとすると、しくじる。努力して、網を張って、頭をはたらかせて待っていると、転がりこんでくる」

という。まるで取材者の私に言い聞かせるような言葉であった。

氏が駐ソ大使館付の陸軍武官として勤務しているときであった。一流レストランへ行くと、きまって目につく女連れのプレイボーイがいた。あちこちで、毎夜のごとく酒を飲んでいるらしい。それとなく聞いてみると、氏の同僚が下宿している家の息子であるとい

う。氏は、

「あんなに派手に遊んでいれば、そのうちかならず金に困って、やってくる。そのときおれのところに寄こせ」

と、同僚に告げておいた。思ったとおり、数日を経ずして、なんとか金の工面をしてくれ、と頼ってきた。かれが言うには、

「私の叔父は、ゴスプラン（国家計画員）をしている。情報を持ってくるから買ってもらいたい」

というのである。「そんないい加減なことを言っても信用できん。そんなもの、買えるか」と、氏は怒鳴った。情報を収集する際には君だけが頼りだ、という態度をみせると、相手にひっかけられて、偽情報をつかまされるおそれがある。しかし、疑いはもちながらも、誠意をみせなければならない。物をどんどん与えてやることも必要である。やがてそのプレイボーイは、汚ない帳面に数字をびっしり書きつらねて持ってくるようになった。そこには、兵器工場の労働者数、生産品、機種、数量などが書きこんである。氏は、かれと話し合って、帳面一ページぶんにつき六十ルーブルを支払うことにした。以来、かれは、多いときには三日に一度の割合で帳面を運んできたそうである。どうせウソの情報もまじっているだろうと思ったが、念のために、一応は日本へ内容を知らせつづけた。二年数カ月におよぶ駐在生活に別れを告げて参謀本部に帰ってみると、ソ連についての軍事工

業と題した立派な書物ができあがっていて、

「これは、あなたの情報によってつくったのですよ」

と内地の者たちから言われた。さまざまな情報を照合すると、そのプレイボーイの情報ははなはだ確度の高いものであったという。

そのプレイボーイについては、のちに「酒に酔って、列車から落ちて死亡」という報が届いた。頭蓋骨には拳銃の弾を撃ち込んだ跡があり、手足はバラバラに切断され、あきらかに死後轢断《れきだん》であったという。

ソ連軍司令官を利用

「ソ連に駐在しているときは、とにかく自分の目で見ることを心がけて、しばしば旅行した。窓のカーテンはおろされるが、なんとか外を眺めることはできる。ゲー・ペー・ウーが尾行についたが、景色を見るだけだから、べつに気にもならなかった。尾行されると神経質になってうるさがる人がいる。私などは、尾行がいるほうが、かえって安全だと考えていた。顔なじみになって、〝おい、切符を買ってくれよ〟と頼んだり、ときには、〝キャバレーに行こう〟と言うと喜んでついてきた。ギブ・アンド・テーク、です」

と言う。氏は、ソ連側がまだ〝極秘〟中であった「赤軍野外教令」（俗称〝赤本〟＝日本軍の作戦要務令にもあたる。近代化された戦術の全般が網羅されている）を手に入れて翻訳し、これはただちに日本陸軍の全将校に配布された。ヨーロッパ、アメリカをまわって帰国するときドイツに立ち寄ると、この原本をカメラにおさめたいために、ドイツ軍人たちが大歓迎会を開いてくれたそうである。氏の回顧談は、「ノモンハン事件の際、関東軍が打撃を受けた裏には情報採用の重大ミスが存在した」ことに触れて、いよいよ生彩をおびてくる。敵が流す偽の情報をつかまされ、情報についてはシロウトの作戦課が独自に判断をくだしてしまったという。このときの反省から対ソ情報組織の整備が迫られ、「情報部門・ノモンハン事件研究会」というものが設けられたらしい。

ここで、氏は、情報収集のシステム化を軍に強く要求した。

情報収集は一元的なものであってはならない。実際に目でたしかめる〝視察〟や〝密偵〟、〝無線〟などによる情報を集め、それらを分析してはじめて正確な事実をつかむことができる、とするものであった。

陸軍省はかれの意見をすべてとり入れ、予算をふやすとともに、かれを満洲に送る。昭和十五年の夏のことであった。

「組織のたてなおしによって、満洲各地にあった特務機関は関東軍情報部支部となり、ゲー・ペー・ウーのような活動は保安部（治安部分室）が統轄するようになりました。私は地方の支部と連絡をとりながら情報収集に専念する。いっぽう、ソ連側のスパイ組織の侵入を防ぐ必要があった。満洲国警察と緊密な関係を保ちながら、それらのスパイを逆用するようにはかりましたよ。

折りから、昭和十六年六月には独ソ戦がおこり、極東にいるソ連軍の連中が大勢、逃げこんできました。これらソ連の逃亡兵を私どもは〝ソトヘ〟（ソ逃兵）と呼んでいました。日ソ中立条約があるので、かれらを俘虜《ふりょ》扱いにすることはできない。やがてソトへの数は百三十名にものぼり、私がかれらを審査しました。そのなかに一人、大物がいた。リシュコフというゲー・ペー・ウーの三等大将で、三個師団の軍司令官をつとめる人物です。スターリンの粛清にひっかかりそうになって、早くから逃げてきたらしい。ある場所にかくまって、〝私はロシア担当のＤ・Ｏです。あなたの身柄は全責任をもって保護させていただきます〟と言ったところ、相手は〝あなたの名前をよく知っています〟と言う。さすが、ハバロフスクで極東担当の司令官をしていただけのことはありました。かれは多血質の男で、私は、すっかり気に入った。日ソ戦が始まれば、対ソ宣伝にも使える。いかにも一物が大きそうな男なので、マラトフという名を与え、日本の女性と結婚させて川崎に住まわせました。日本国籍も与えた。テロのおそれもあるから憲兵もつけた。しかし、残念なことに、終戦近くになって、宣伝のため大連の特務機関に連れて行かれたとき、ソ連軍に踏みこまれて射殺されてしまいました。いまだに惜しまれてなりません」

マラトフの悲劇とでもいおうか。述懐はまだまだつづくのだが、ここで、これら卓抜した情報将校たちの〝戦後〟に話を移そう。

2　スパイたちの戦後は

ドイツからアメリカの外交官収容所へ

一時は三千名とうたわれたハルビン機関員たちは、終戦とともにソ連軍に目の敵《かたき》にされ、対ソ諜報にたずさわっていたとわかると片っ端からシベリアに送られて長期間にわたって抑留されたり、殺される運命に陥った。

南方で活躍した藤原機関の藤原岩市や南機関の鈴木敬司、岩畔《いわくろ》機関の岩畔豪雄《ひでお》といった人たちが無事に日本に帰国してきたのとは対照的である。そこに、ソ連を相手にしていた特務機関の特殊性があるように思う。

D・O氏は開戦の直後に内地の参謀本部へ転任を命じられ、さらに昭和十八年三月、ドイツへ連絡使として赴け、という命令を受ける。

連絡使とは、日独間の戦略や具体的な作戦を連絡するポストだが、ありていにいえば、ドイツがどこまで頑張ることができるかをひそかに判定する役であった。

昭和十八年八月五日、さまざまな状況を確認したうえで、かれは連絡使電として、参謀本部に一通の電報を打っている。

「ドイツ軍が作戦の機動力を発揮し得るなら、戦勢回復の見込みがないでもない」

すぐには意味のよくわからない電文であった。要するに、すでにドイツ軍の制空権は奪われ、地上の鉄道はいたるところ寸断されている。このうえは少しでも戦わせておいて、その間に、日本の戦力を立て直すべきだ、という意見を暗示していた。

昭和二十年（一九四五）の四月半ばのこと、リッベントロップ外相（戦後のニュールンベルク裁判で絞首刑）は大島浩大使を呼んで、

「南の疎開地に移ってほしい」

とドイツ政府の意向を告げる。疎開地とは、ザルツブルクから山のほうに入ったバードガスタインというところであった。大島大使の知らせを聞いたかれは、ヒットラーが動くのなら自分たちも移動すべきだろうと思った。

「それもそうだな」

と、大島大使もうなずき、眼の前でリッベントロップに電話を入れた。このときの返答は、「ヒットラー総統の行動についてはなにもお答えすることはできません。しかし、私の提案に従われるのが、もっとも現実的だろうと思います」

という内容だったそうだ。リッベントロップは会話の最後に、「では、むこうでお会いしましょう」という言葉をそえて電話をきった。Ｄ・Ｏ氏らはヒットラーもいずれは動

く、という判断のもとにベルリンを去る。バードガスタインで暮らしていると、やがて姿を見せたのはリッベントロップたちでなく米軍であった。大使館員のなかから武器を持って戦おうという声があがったが、ふだん温厚な大島大使が、このときばかりは色をなして、

「外交官が戦闘に加わるとはなにごとか」

と、一喝して、一同はおとなしくなったという。

数日後にはアイゼンハウワーの特命で来たと称する、日本語の巧みなアメリカ人が米軍司令部から姿をみせ、「大使館のみなさんは外交官として取り扱います。みなさんは軍事俘虜ではありません」と言い、自動小銃はとりあげたが、軍刀とピストルについては、携帯を許可した。日本人の心情をよく理解した行動だと、一同は、感服したそうだ。

ドイツにおける日本大使館の終戦秘話ともいえるだろう。

このあと、D・O氏たちはいったんフランスのルアーブルにある収容所に送られたのち、翌日には輸送船でニューヨークに運ばれ、さらに飛行機とバスを乗りついで、ワシントン郊外の外交官収容所に収容される。

多くの悲惨な引揚げ、復員、逮捕、抑留などの実情にくらべれば、まず、恵まれた〝終戦〟であったといってよい。

ＧＨＱに招かれて共産党調査

それからの道がまことに興味深い。Ｄ・Ｏ氏は昭和二十年の暮れに福島県の故郷の土を踏んだ。百姓で暮らそうと思ったという。

ところが、翌二十一年二月、ＧＨＱに呼び出されて担当官から、

「戦争中にわれわれはしばしば日本軍に暗号を盗まれた。暗号は厳重に秘匿していたつもりだが、きっと日本軍に協力したアメリカ人が存在すると思う。そのアメリカ人の名を教えてほしい」

と訊《き》かれた。

暗号書類の入手については知らないわけではなかった。開戦の直前に台湾の米国領事館を見張っていた日本の一憲兵が、領事の留守を見すまして暗号書を写真に撮影したことも知っている。しかし、そのことを正直に答えるのもどうかと思われたので、「知らぬ」と言い通して、その場は帰された。ＧＨＱからふたたび呼び出しがかかったのはそれから六カ月後だった。今度は、眼の前に現われた米軍将校がいきなり、

「ＧＨＱにつとめてくれないか」

と言ってきた。田舎で百姓暮らしを送っている身だからそれは不可能だ、農繁期を避けてくれるなら考えてもいい、とかれは答えた。

このとき、Ｄ・Ｏ氏の頭の中にちらついたのは、田舎の大学から東京都内の大学に移り

たいと言っていた長男の顔であったという。GHQは福島から東京まで上京するための一等の汽車賃と、さらに食費や日当を含めて、五千円の金を支給してくれた。当時としては、たいへんな大金である。折りにふれてこれだけの金が入ってくれたら、と考えたかれは、けっきょくGHQの申し込みを受け入れる。

以来かれは昭和二十六年までの五年間、GHQから呼び出されるたびに上京した。東京ではつねに設備の整った一部屋が与えられ、仕事の内容は主として〈国内の共産党についての動向調査〉であったという。終戦直後の共産党はむしろGHQによって保護されたかたちだったが、その状況判断の基礎としたのは、このD・O氏らの分析だった。

情報を分析していると、ときに、スクープに似たニュースをキャッチすることもできる。たとえば、朝鮮動乱がおきた昭和二十五年六月二十五日の二週間前に、すでにかれはその予測を抱いて報告しているという。

たまたま友人のQ（衆議院議員・元通産大臣）に頼んで、朝鮮に関する情報の収集をおこなっていたのがきっかけとなった。以前からかれには、

「平壌放送を毎日傍受してメモをうちに届けてくれ」

と言ってあった。六月七日に放送されたメモが二日後に届いたとき、かれはくびをかしげた。そこには、

「われわれ祖国統一戦線は、八月一日に立法府会をソウルにおいて開催し、同時に治安の

維持に関しては、朝鮮民主主義人民共和国が責任を負う」

とある。毎日、情報分析をおこなっている感覚から判断すると、これは、北朝鮮側が近くなんらかの行動をおこすという宣言としか思えなかった。かれはQのもとに、さっそくこのことを連絡する。Qはおどろいて、吉田茂総理にこのことを伝える。ところが吉田は、またQがうるさいことを言ってきた、といってとりあわなかったらしい。かれ自身は、その後、六月二十六日に上京。東京駅に着くと中野学校出身の部下が迎えに出ていて、

「参謀殿。とうとうやりましたね」

と、言う。なにがあったのだ、とたずねると、「北朝鮮がいよいよ南下を始めました」と言うではないか。ああ、やっぱり、と膝をたたく思いがしたという。

かれは日本の片田舎に坐っていて、朝鮮戦争の勃発を二週間前に察知し、予言したことになる。

「これも原則どおりに努力をつづけていただけです。川で魚を獲ろうと思えば、その川をよく見よ。小波がたてば、そこに網を入れよ、ということでしょうか。これが原則であり、極意です」

とD・O氏は言っている。参謀本部ロシア班、ハルビン機関などの体験から生まれてきた技術、判断といえるだろうか。

その後もGHQで〈国内共産党〉の調査をつづけたのちかれは、日本の独立とともに公安調査庁に移って〈国際共産主義〉の情報収集と分析にあたる。

「日ソ中立条約構想の発案者としての深刻な反省が、この年齢になっても、なおソ連・中国などの共産諸国や世界共産主義運動などの研究に専念させるのです」

とかれは語り、「日本はソ連のあなどりを受けぬ程度の武力をもつ必要があると痛感している」と言う。長く公安調査庁につとめ、いまは退職して個人の「研究所」を開いているが、これもまた外務省や公安調査庁の外郭団体といってよい。委託調査費はそれらの官庁から出る。「網を張って、獲物がかかるのを待つのが原則」というD・O氏の情報収集網は、長期間にわたる作業によっておそらく、私どもの想像を絶するところに張られているにちがいない。

昨今の日本共産党の内情についても、かれはかれなりに、確度の高い情報を握っていると思われるが、むろん、容易に口を開こうとはしない。参謀本部ロシア班、ソ連大使館、関東軍参謀部第二部、ハルビン特務機関、GHQ、公安調査庁という長い〈対ソ人生〉をみるとき、歴史は生きている、参謀本部、満洲特務機関はまだ生きている、という実感がわいてくる。脈々と受け継がれているというべきだろう。

特務機関は満洲のほか中国大陸、南方各地に散在して活躍したが、GHQがもっとも重要視し、抱き込みを図ったのは〈対ソ諜報〉のハルビン機関であった。D・O氏の場合は選ばれたエリートの一人といえるだろう。

3　満洲二世たちは国際派に

意外な人脈が生きつづける

今度の取材をつづけるうちに、私どもは、

——ほう。あのひとの父親が。

と、幾度か、おどろかなければならなかった。当人たちは、おやじとおれの人生はちがうのだ、と言うかもしれない。迷惑だ、と叱られるかもしれぬ。そのうち二人だけ名前をあげさせていただけば、ＮＨＫの磯村尚徳アナの父君と、前述した指揮者・小沢征爾の父君がそうである。磯村アナウンサーの祖父は陸軍大将にまでなった人物だといわれるが、父君・磯村武亮大佐は、〝特務機関〟ではないけれども、かつての参謀本部第五部ロシア課の課長であった。

「軍人として、よく練れた立派なひとであった」

と友人たちは言う。このことを話してくれた元参謀本部部員は、「やはり血は争えないというのでしょうか。尚徳君もまた外国語の才能に恵まれ、外国特派員生活を長くつとめたと聞いている。父と子の生き方を見るとき、感慨無量です」と言い、現在の自分の身分については、「ぜったいに伏せてください」と手を振った。またまた実名を出せないのが残念だが、このM・T氏の場合は、公安調査庁ではなく内閣調査室の仕事をつづけているらしい。

「昭和十六年六月二十二日、独ソが開戦しましたが、七月十九日には日本軍のほうで、〝関特演〟(関東軍特別大演習)が発動されました。極東ソ連軍がドイツに流れて総崩れになったとき、隙をついて極東を占領しようという目的です。このとき、参謀本部第五部ロシア課の課員たちは、向地視察班や外交伝書使を駆使し、チタの領事館から刻々と伝えられる情報をもとにシベリア鉄道を輸送される兵の状況や人数などを統計にとり、三メートル四方もあろうかという地図をひろげて、克明なダイヤグラムをつくっていました。しかし極東ソ連軍が西へ送られるような気配はいっこうにみられない。これでは日本軍が攻撃するチャンスはない。課長の磯村武亮大佐は、われわれが書いた大きなダイヤグラムを持って、東條英機陸軍大臣のもとへ、攻撃をとどまるよう報告に行かれました。この進言によって関東軍の進撃は中止されたと聞いています」

……M・T氏は、そのような思い出話を披露しただけで、戦後や現在のことについては語ろうともしなかった。

以上のD・O氏やM・T氏は参謀本部に配属されていた軍人だが、ハルビン特務機関には、前述したようにさまざまな素性の男たちが所属し、活躍した。理想を抱いて馳《は》せ参じた〝満洲浪人型〟も多かった。

「いまは、蘭の栽培をたのしみ、法華経の研究に余念のない毎日」というA・K氏（七十三歳）もその一人である。氏の人生からもまた、多くの〝証言〟が聞かれる。

宮崎県都城《みやこのじょう》市で生まれた氏は、地元の中学を卒業して、ぶらぶらしているときに満洲に呼ばれた。

鹿児島弁ではハシにも棒にもかからぬ暴れ者のことを〝ボッケもん〟と呼ぶが、かれもそういわれていたらしい。満洲にはすでに兄が渡っていた。当時から〝先生〟と尊敬されていた小沢開作（小沢征爾の父親）の世話によったという。

昭和八年、兄に呼ばれた少年は、「協和会講習会」の訓練生になれと厳命される。この訓練講習会は一期だけでつぶれてしまったが、一期生の内訳は、日本人二十五名、中国人二十一名、朝鮮人二名、蒙古人一名といった生徒たちであった。この講習会で一年間の訓練を終えたのち、一度は間島省の役人となったが、ボッケもんの少年にはつとまらなかった。当時の日本人としては背が高く、喧嘩で鍛えた頑丈な体軀もある。やがて、

「映写技師になって、村をまわれ」

という仕事が舞い込んできた。これは一種の宣撫《せんぶ》工作ではあるが、情報収集の末端の役

ともいえた。そこでかれは、ターチョ（大車）と呼ばれる二輪車に食糧、テントなどを積み込み、『満洲国建国の精神』『友邦日本の姿』などというフィルムを映写しながら、一人で、ドサ回りを始めた。昼間に村から村まで行く間は、夜の疲れもあってターチョの上で眠る。馬が勝手につぎの村まで運んでくれるのだが、間島省はゲリラの多いところでふと目ざめてみると、ゲリラの歩哨の前で馬がとまっていたこともあった。翌日、映画を映そうとするとその歩哨が家族の手を引いて観に来たりする。

しかし、やがて映写機とフィルムを焼いてしまい、この映写技師兼諜報見習員の仕事もクビになってしまう。どうにかなるだろう、とかれは、その後、伊東六十次郎の「則天同志会」の門を叩き、ここではじめて真剣に北一輝《いっき》の〝日本改造法案大綱〟を勉強した。伊東六十次郎とは北一輝の弟子にあたる人物で、作家の今東光、今日出海兄弟の従兄でもあったという。

そのうちに東京で二・二六事件発生。かねて連絡をとりあっていた渋川善助（首謀者）から則天同志会に直接、「クーデター敢行」という電報が舞い込み、事情を知るためにだれかを東京に行かせようという話がもちあがる。このとき資金調達を引き受けたのが、当時協和会に所属し、いまは新宿や渋谷で喫茶店を経営しているY氏だったそうである。ところが連絡員を出そうとしているとき、渋川から電報を受け取った事実を軍に疑われたA・K氏は検束されて〝国外退去〟を言い渡される。

とりあえず九州の故郷に帰ったかれは、ここでも家の周囲をうろつく特高の姿に悩まされる。かくて上京を決心し、神兵隊事件で知られる前田虎雄をたずね、同氏が主宰する〝修成義塾〟に身を寄せ、ついで前田の紹介によって、五・一五事件で士官学校を追われた篠原市之助を頼って山東自治連軍に入る。この〝連軍〟は小説『夕日と拳銃』で有名な伊達順之助を司令官とし、篠原はその高級参謀であったという。しかし、その自治連軍もやがて解散。篠原市之助は蒙古の五原特務機関で戦死してしまう。こうして、Ａ・Ｋ氏は、ふたたび小沢開作のもとをたずね、〝新民会〟という政党の結成を考えていた小沢の仕事を手伝う。

辻政信の特命

かれによると、当時の小沢開作は〝協和会〟の運営をめぐって関東軍の小磯国昭参謀長と対立し、「満洲にいたら生命をもらうぞ」とことあるごとに脅迫されていたらしい。小沢は、殺すなら殺してみろ、とうそぶいていたが、活動の舞台が制約されるのに堪えられず北京に移っていた。

余談になるが、このＡ・Ｋ氏は、北京で、まだ幼かった小沢征爾とたびたび顔を合わせている。

活発な少年だったが、まさか後年、世界的なオーケストラの指揮者になろうとは思わな

かったという。終戦後、川崎で歯科医を開業していた小沢開作にむかって、

「先生の血筋に、どうしてあのようなすばらしい指揮者が生まれたのでしょう」

とたずねると、かれは、にこりともせず、

「当たり前だよ。おれは都々逸《どいつ》がうまかったじゃないか」

と、きりかえされたそうである。混沌たる大陸で父親の生き方を見て育った小沢征爾が、いまはちがった国際社会で自由奔放に生きているのをみると、父子の血と時代の流れを感じさせる。小沢征爾が江戸京子さんと結婚したときは、父・小沢開作の周辺にいた友人たちや恩を受けた者たちは、ひじょうに良縁だと喜んだらしい。京子さんの父親・江戸英雄三井不動産社長の城である〝三井〟は、戦前から右翼にたいして「情のある」ところをみせてきた財閥だという認識があるらしい。


A・K氏の〝戦後〟はどうであったか。きいてみると、〝満洲〟の縁で、ある参議院議員の秘書を長いあいだつとめている。この間の思い出をきくと、「辻政信さんの行方不明のことがいちばん印象に残っている」という。マスコミでは、旧日本軍が埋めた金の延べ棒を確認するため辻はラオスに行った、などとおもしろおかしく書いているが、「真相はちがいます」という。

辻政信が姿を消した昭和三十六年は、池田・ケネディ会談が開かれた年でもあった。池田総理は第二次内閣を組み終え自信をもって〝所得倍増〟路線を進む姿勢にあったが、ケ

ネディ会談でかならず話題にのぼるだろうインドシナ半島の経済情勢について、じゅうぶんな知識がなかった。そこで辻政信を呼び、「ほんとうの姿を見てきてくれないか」と頼んだというのである。宏池会からは、大平正芳、宮沢喜一の二人が同席していたという。

「うーむ」

辻は、いつもに似合わず、返答を渋った。

介添え役の立場で同席した元憲兵大佐のH氏が、別の場所に辻を案内し、「池田総理の頼みなら行くしかないでしょう」と説得したという。ようやく行く気になったが、

「ちょうど雨季に入るからなあ」

と辻はまだためらっていた。H氏は、だから早目に行くといい、とすすめた。では、行くとするか。辻政信はそれでもまだ気が向かぬようで、予定より早く羽田空港を発ったものの、その背中には最後までわびしい影が消えなかったという。羽田に見送ったのは、H氏ただ独りであった。辻政信は池田総理の〝特使〟であった。しかし、辻自身はすでに行く手に待ち受けるなにごとかを予感していたのではないか、とA・K氏は述べている。

「私自身は戦後の辻さんしか知りませんが、同じ満洲にいたことがあるというだけで、ふつうの人とはちがった親近感がわく。〝満洲〟とはじつに不思議なところだった、といまも思います」

A・K氏がとりわけ辻政信の命運に思いを馳せるのは、それが自分の歩んできた変転と

動乱と謀略・情熱の道と重なるせいかもしれない。

4　生き残ったスパイたちは……

特務機関員は最低でも十三年の刑

ハルビン特務機関の本部をおく本館はハルビン市内にあるハルビン神社の裏側にあった。そこを本拠として、白系露人班、宣伝班、謀略班などが各所で活躍した。機関長は少将、中将クラスだが、つぎつぎに時代によって替わっている。戦後、都内で大陸問題研究所を主宰した土居明夫や中野学校創設者の秋草俊も機関長であったことがよく知られている。そもそも、中野学校そのものが、ハルビン機関の流れのなかから後輩を育てるために生まれた存在である。

特務機関員たちはもちろんのこと、特務機関長の多くは終戦とともにソ連側に処刑された。

元ハルビン特務機関員・香川重信氏とハルビンで新聞の編集にたずさわっていた筑紫平蔵氏の対談が掲載されている『人物往来』（昭和四十年六月号）のなかにも、両氏のつぎのような言葉がみえる。

筑紫　（特務機関は）白系ロシア人の学校の経営などもやってましたね。ところが、この事務局長をやったロシア人は、終戦後ほとんど処刑されましたね。

香川　特務機関長も同じ運命にみまわれたわけですよ。各地の機関長は、戦後、ほとんど内地には帰ってきていません。病死したのもいるが、だいたい、殺されたようです。

筑紫　チチハルの田中さん、熱河にいた斎藤さん、それに柳田、秋草といった機関長が殺されていますね。秦さん、土居さんは帰ってこられたけれども。

香川　ソ連側の、特務機関員に対する考え方は非常にきびしくて、スパイ行為を憎みきっていましたから、最後は悲惨な結末を迎えたわけです。

……たとえば、「綜合研究所」（千代田区永田町、平河町ビル九階）というところに籍を置いていた元ハルビン特務機関員・丸山直光も終戦直後の逃亡生活の〝後遺症〟があって、ずっと健康は思わしくなかった。

新潟県に生まれた丸山氏は、昭和七年に東京外語大（露西亜語・支那語）を卒業し「日ソ通信」の記者としてハルビンに渡り、昭和九年、二十五歳のときにハルビン特務機関員となった。文諜（ソ連関係の文書・新聞・雑誌から情報を収集・分析する）のかたわら、特務機関員たちにロシア語と支那語を教えるのが仕事であった。

それからおよそ十年間を特務活動に費やして終戦を迎えることになる。終戦間近しとなると、ハルビンに住んでいたユダヤ系移住者たちがまず敏感に危険を察知して、天津や上海に逃避を始めたという。昭和二十年五月に、「ワシレフスキー元帥、極東軍総司令官に任命される」という情報が入ったときに、関東軍や特務機関の命運はきまったといってもよい。

八月九日、ソ連軍が侵入してきてから、丸山氏も、執拗《しつよう》なゲー・ペー・ウーの追跡にあい、自宅を絶えず監視されているので家族と連絡をとることもできず、ひと冬のうちに三十カ所も隠れ場所を転々とした。年が明けたときは、〝鈴木〟という偽名を使って牡丹江の収容所にいたり撫順の炭鉱に移ったりして、最後は満鉄病院の看護婦長の夫と称して居留民会のなかに潜り込み、ようやくその婦長とともに内地送還。新潟の実家にたどり着いたという。郷里では、

「妾《めかけ》を連れて帰ってきた」

と言われたそうである。妻子がいのちからがら帰国して来たのは、それから一年後の昭和二十二年であった。

「もともと東京外語大に入学したのは外交官を志望したためでした。ところが満洲事変が勃発して、満洲は一躍、スパイの跳梁するところとなった。私としては、情勢を耳にする

につけ、自分の目で満洲を見たい熱情にかられ、少壮ジャーナリストとしてハルビンに渡った。単身で満ソ国境を視察したりしていましたが、そのうちに特務機関に入り、露語教育隊、野戦情報隊（無電の傍受、俘虜の尋問などにあたる。構成員は白系ロシア人、中国人、蒙古人などから選抜）の組織を仕事としました。とりわけロシア語の教育には力を入れ、外語大で二年間かかるところを六ヵ月で修了させたものです。終戦になってからの逃亡生活はいま思い出してもぞっとします。特務機関員は最低でも十三年の刑をくらうといわれていました。執拗な追跡なので幾度かあきらめかけましたが、そういうとき恐怖心を救ってくれたのが酒でした。酒をがぶ飲みすると大胆になり、その場を逃げることができた。逃亡できたのは酒のおかげだと思っています」

と、丸山氏は言っている。いまでも、その癖が残っているのか、酒は毎日の友だと氏は語った。私が会ったときは、すでに子どもたちも独立して妻と二人暮らしのなかで飲む酒はうまい、としみじみ洩らしたものだ。

このひとも、帰国してからは経歴を認められてＧＨＱのＧ２につとめ、朝鮮動乱の際には〝軍事顧問〟の一人であった。その後、内閣調査室の発足に参画。その後の「研究所」の活動でも、〈対ソ諜報〉〈ソ連研究〉をおこなっている。

丸山氏の話などを聴いていると、ソ連側の苛酷な追跡もさることながら、ＧＨＱは戦後にそれほど多くの〝（ハルビン）特務機関員〟を抱き込んだのか、という実感が強い。その流れが内閣調査室あるいは公安調査庁をつくり、〈対ソ〉〈対日本共産党〉の諜報活動をつくりあげている。

幽閉中につぎつぎと死亡

逃亡に失敗し、不幸にして捕えられた人たちの〝戦後〟は、悲惨な抑留の思い出から始まる。帰国してからやはり公安調査庁に関係したと思われるS・Y氏は、十一年間をソ連につなぎとめられた一人である。

Y氏は陸軍士官学校を中退ののちに満洲に渡り、昭和十三年から二年間をハルビン特務機関嘱託として過ごした。

「そのころはまだ大らかな雰囲気があった。ぶらぶらして、毎月百円の小遣いをもらったりしていました。私は、中国史、西洋史、社会学、哲学を独自に勉強し、ヨーロッパになぜ資本主義が発達したか、中国はなぜ停滞したのか、などといったテーマについて研究をしていた。いわば、研究生です。私どものような役立たずがいたから、のちに中野学校ができたのだと思いますよ。当時、嘱託は私のほかに四名いたが、それぞれ好き勝手なことをやっていた。一人は、ロシア移民が開墾した新しい土地で、屯田兵みたいな生活を過ごしていましたね。かれは終戦のとき、自決しています。いま一人は、ユダヤ人が経営するムーリン炭鉱に潜り込んでいた。一人は早い時期にやめて満洲国外交部の書記官となった。もう一人は、私と同じく、ぶらぶらしていました」

二年後に特務機関を離れたかれは、満洲国外交部に籍を置いたのち終戦近くになってハルビンの地で召集令状を受け取る。終戦後はソ連軍に逮捕され、すこぶる単純な尋問を受けたという。担当官が、「ソ連に来たことがあるか」と訊くのにたいし、Y氏は「ある」と答えた。

――いつ、どのような目的を抱いていたか。

「外交部にいるとき伝書使となって、ブラゴエシチェンスクの日本領事館に行ったことがある」

――諜報を目的としていたのだろう。

「いや。ちがう」

――列車の窓から外を見たであろう。

「見た」

……尋問はそれだけで終わり、〝外交官としての諜報活動〟という罪状のもとに、重労働二十五年の判決がくだされた。

放り込まれたところは、イルクーツクの近くにあるアレキサンドロスカヤの監獄であった。ここでも長い幽閉生活のうちに、日本人たちはつぎつぎに死亡している。Y氏の周囲をみても、近衛文麿《このえふみまろ》の子息・文隆は脳溢血で、長谷部旅団長は心臓マヒで、『静かなドン』

の本邦初訳を果たしていた外村四郎（筆名）はやはり内臓疾患で、病死したという。苦しい獄中生活の思い出を聴きながら、私は、氏が当時話題の〈宮本・袴田対決〉の内情の一部にふれたのが興味深かった。

宮本・袴田《はかまだ》論争の真実

袴田里見は、『週刊新潮』に発表した一文のなか（続・『「昨日の同志」宮本顕治』）で、自分の実弟・袴田陸奥男《むつお》について書き、「赤旗」の的はずれな攻撃にたいして怒っている。

宮本顕治はデタラメの記事を書かせている、として袴田は、「ソ連にいる私の実弟の問題で、私がソ連の党に個人的な密使を送ったという『赤旗』の記事にしてもそうだ。なるほど、私の実弟の袴田陸奥男はシベリア抑留を経て、現在、モスクワに住み、モスクワ放送に勤務している。事が私の肉親にかかわる問題なので、あまりふれたくないのだが」と前置きし、「実弟の陸奥男は私よりも八つ年下だが、人間的にはどうも困った男なのだ」「彼は私の名前を利用して何かやるので、はなはだ迷惑だったし、何よりもウソつきで無責任だった。身内の恥をさらして心苦しいのだが、私はモスクワで彼を義絶さえした」「シベリア抑留時代の日本人捕虜たちから恨まれているに違いないのだ」……そんな迷惑な弟の問題で、自分がソ連に個人的な密使を送るなどあり得ない。出鱈目《でたらめ》、想像もいい加減にしてくれ、と書いている。

元特務機関員のＳ・Ｙ氏は、この箇所を指さし、「密使云々《うんぬん》の真偽のほどは知りませんが、実弟の袴田陸奥男についての説明は正しいように思う」と言う。

氏は、帰国する二年前になって、収容所をアレキサンドロスカヤからハバロフスクに移された。監獄は人の出入りがはげしいのでいろんな情報が耳に入ってくる。なかでも、袴田陸奥男についての噂はつとに有名で、知らぬ者がなかった。

「チタ地方の収容所内には袴田という男がいて、所内では〝袴田天皇〟と呼ばれ、かれが収容所内を歩くときには赤い絨毯《じゆうたん》が敷かれるほどだ。看守にとりいって専横をほしいままにしている。多くの日本人捕虜たちから反感を持たれ、〝もしも日本へ向かって帰るときがきたら舞鶴に着くまでに野郎を日本海にたたき込んでやる〟とみんなが言っている」

というのである。他の収容所にまで喧伝されるくらいであるから、同囚の日本人たちはよほど肚にすえかねていたらしい。

「肉親の恥をさらすのはお気の毒だが、この項にかぎっていえば、皮肉にも、袴田氏の文章はあたっている」

と、Ｓ・Ｙ氏のみならず、多くの抑留者たちが言う。

5　ロッキード裁判のあとにくるもの

スパイを商売にする男

　元〈対ソ〉特務機関員の消息をたずね、固い口をほぐして話を聴いていくうちに、かれらが戦後に歩いた道には、二、三のパターンがあることに気づく。優れた生き残りのメンバーはまずGHQのG2に吸収され、しかる後に内閣調査室あるいは公安調査庁の発足の際に働き、そのまま組織に残った者もあり、ほかに三井、三菱といったグループに属する大企業あるいは商社などの〝嘱託〟として働いた例もある。いま一つは保守党の政治家、代議士などの私設秘書あるいは〝研究員〟としてかかえられる例もある。

　考えてみれば、平和をとりもどしたとき情報収集・諜報・謀略・防諜についての経験や能力を必要とするところは、〝政戦〟や〝商戦〟の世界にちがいない。たとえば池田勇人の宏池会などにも〝研究員〟として元ハルビン特務機関員が存在し、優れた情報分析や経済分析をおこない、財界人たちをよろこばせているという噂もあった。

　——情報を制する者は世界を制する。

とでもいおうか。

特務機関というと往々にして私どもは謀略工作を連想し、世の暗部に棲息するものと考えがちだが、もともとは情報収集と分析というところから発している。謀略とは無縁の場所で、特務機関の一員として働いたひとたちも多い。ただしこれらの情報収集と分析を〝勝つために〟用いようとするとき、機関としては必然的に作戦・謀略が発生するといっていいだろう。

情報のまわりには人が群がる。特務機関にいたばかりに、戦後は思わぬ人生を送らなければならなかったひともある。

ロッキード疑獄が明るみに出たとき、あらためて、〈大陸特務機関――ＣＩＣ――ＣＩＡ〉の経歴を持つ人物としてマスコミに引っ張り出された下平冨士男《しもだいらふじお》は、歴史にほんろうされたその象徴的な例といってもいい。

昭和三十五年ごろから下平は一部の人たちに、〝スパイを商売にする男〟として知られていたが、実際に会ってみると、

「なぜこんなことになったのか。だれも私の志や、やってきたことを理解してくれない。誤解されて苦労の人生を送ってきた」

と、うめいた。

私はあらためて、虚心坦懐《きょしんたんかい》に話を聞いてみた。空手や拳法を修業したという下平だが、

つねに穏やかで淡々とした態度だった。肝臓を患っていて、もはや余命は幾ばくもないとさとっているようで、食べものはほとんど口にしない。聞いていくうちに、その戦後の人生は〝元特務機関員〟ならではのものであった。

毎日が試験の連続

……私がどのような経過で特務機関に配属されていったか。それから説明しましょう。

私は大正十年に東京の世田ケ谷町下北沢〈現・世田谷区北沢〉であられ製造業を営む家に生まれ育ちました。当時あのあたりは田園地帯でしたが、昭和初期になると軍人や政治家、文化人などが住む住宅地になっていました。

隣組には杉山元《すぎやまはじめ》（元帥、陸軍大将）、近くには東條英機《とうじょうひでき》、畑俊六《はたしゅんろく》（元帥、陸軍大将）の家などがあり、共産党の伊藤律《いとうりつ》、作家の横光利一《よこみつりいち》なども住んでいました。とりわけ杉山さんには「冨士男くん」と呼ばれてずいぶんかわいがってもらったものです。

昭和十五年、当時私は北沢二丁目の青年団第二分団員でしたけれども、選ばれて中国大陸での〝現地訓練〟に参加することになりました。そのことの通知を受けた翌朝、七時ごろに私は杉山家から電話をもらいました。

「杉山がご挨拶申し上げたいと言っているので、いらっしゃってください」

という杉山夫人からの連絡でした。行ってみると、おどろいたことに、杉山大将が盛装

して玄関までお出迎えになった。胸には数多くの勲章がつけられており、白い手袋をはめておられた。応接間に通ると、

「おめでとう。大いに頑張ってください」

というわけです。それからアルバムをひろげて中国大陸のことをいろいろ教えてくださった。

「出発するまで毎朝いらっしゃい。異民族のことを教えてあげよう」

と言われる。私は杉山家に通いました。いよいよ明日は中国にむかって出発するというとき、杉山大将は、

「われわれ陸軍武官の行動にも限界がある。きみたちには、中野学校出身者にもできないことをやってもらうことになるだろう」

とおっしゃった。あとで考えれば、そのときすでに杉山大将の頭の中には、私を特殊任務――特務機関員として育てようという気持があったのかもしれません。

私どもは一応、中国、満洲で訓練を受けて帰国したのですが、帰国する船の中でも小田切海軍少将が、こう言われた。

「きみは、結局は情報関係の仕事に行くことになると思う。私が調べたところでは、きみは戸籍のうえからみて〝縁うすき者〟で、しかし育った家柄は良い。条件としてはぴったりなんだ」

私はすこし事情があって戸籍上は〝養子〟だったのです。この小田切少将の予言はまさしく的中しました。

私はやがて北京に呼びもどされた。そこで中国の青年団づくりに協力し、昭和十七年一月に陸軍に入隊すると北支に送られ、初年兵教育を受けました。そこからがほかの者と道がちがってきます。昭和十八年、張家口《ちょうかこう》の察南《さつなん》監獄の中の捕虜収容所内にあった〝駐蒙軍語学教育隊〟で六カ月間にわたって蒙古語教育を受けたのです。毎日が試験、試験の連続でした。クラスには五十名の生徒がいて、蒙古語科、ロシア語科、中国語科と三科あり、成績が悪い者たちは即刻、原隊復帰というきびしい教育でした。結局、最終的に蒙古語科を卒業することができたのは、たしか十四名でした。

そこで赴任先が告げられました。私に命じられたのは、関東軍情報部（ハルビン特務機関）のアパカ特務機関行きです。

反日的風土のなかで

ここで「関東軍情報部」の機構をちょっとご説明しますと……本部はハルビンにあり、支部は合計十四カ所（牡丹江、間島、鶏寧、東安、佳木斯、黒河、海拉爾、興安、チチハル、奉天、大連、通化、承徳、アパカ）にわたっていました。そのうちの一つ、私が所属することになったアパカ特務機関は本部に通信、暗号、経理、庶務、車輛の五班（七十名）が勤務し、ほかに分派機関として四班（ダイラマ、ノウナイ、ラマクレ、林西）に四十名という陣容です。

アパカ特務機関に赴任した私は、しかし、本部（二十五名）には一カ月もいませんでした。蒙古人を教育する施設に助手として出向していたところ東アパハナールの旗長（王族）ベール侯の目にとまって、

「蒙古語ができる先生をさがしていた。蒙古人と一緒に住み、蒙古人となって子どもを教えてくれないか」

という頼みを受けたのです。

東アパハナールは当時、反日色の強い土地柄で特務機関員の常駐も認められてはいませんでした。しかし日本側からみると、特務機関としてぜひとも常駐員を置きたい地方です。私にたいするベール侯の申し入れは、アパカ特務機関にとっては好都合だったのです。

こうして私は一蒙古人教師「威光」（スルゲレル）として東アパハナールの旗公署（村役場）に赴任しました。

旗公署は平屋建てでしたが、子どもを教える教室はパオ（学校）でした。パオは三つあって、つまり三学級で、教師は私を含めて三名。一クラス二十名の規模ですから全校生徒数は六十名です。私が教えた科目は、数学と蒙古語の文法でした。内容は小学生程度とい

ってよいのですが、文盲が多い地域であるため生徒は七歳からはじまって五十歳までの老若男女です。教え子たちの通学区は、なんとパオを中心にして六十キロメートルの範囲にわたっており、かれらは夜が明けると同時に馬にとびのってやってくる。

こうして小学校で教鞭をとりながらも、むろん、私の任務は続行していました。私の特務機関員としての任務は、〝東アパハナール地方における異現象〟の報告ということです。この地域が反日的な気風にあることはよくわかっているので、そのことについての報告は除外し、それ以外の変化のある動き……人の移動などがあったときに機関に連絡をとるというシステムです。

私はあくまで蒙古人として活動しておりましたから、アパカ特務機関内でも私の正体を知る者は木村功一補佐官（大尉）だけでした。

蒙古人になりきる

特務機関員としての私の活動はきわめて地味なものです。草原の一日は午前三時ごろ、アードーチンと呼ばれる馬の看視人が放牧場に向かうころから始まります。私も草原を馬に乗って走り、アードーチンとか行商人に会うたびにさりげなく会話して状況をさぐる。

「見かけない者がいる。どうやら外蒙から来たようだ」

といったような情報を得ると緊張する。

その人物を確認したうえでアパカに行き、木村補佐官から外蒙スパイの顔写真を見せてもらって、照合する。私が機関に出向いて行くときは不定期で、二、三カ月に一回くらいだったでしょうか。機関のほうからは、一カ月に羊一頭、メリケン粉一袋を支給されていました。

コルト拳銃も渡されていました。これは相手を殺すための武器というより、自分自身を処理する必要にせまられたとき楽に、迅速に自殺できるための武器です。

東アパハナールにはこうして一年六カ月間、滞在しました。もちろん、その間にはさまざまなことがありました。関東軍の参謀が国境視察に来たとき、

「ジョロー馬を何頭か都合しろ」

と私どもに命じてきたこともあります。

ジョロー馬というのは足の運びが通常な馬とはちがう優秀な馬のことです。これは蒙古人にとってたいせつな財産であり、村にも数頭しかいない。さっそく長老会議が開かれて私もその場に呼ばれる。

「仕方がない。集めるしかない」

集めるのは私の仕事になって、関東軍の参謀からはいやになるほど小突かれました。しかし、このようなときも、私は日本人だと名乗ることはできません。私はあくまで蒙古人なのですから蒙古語しか使えません。その参謀も、のちにやってきた少尉も大尉も私の素

性はまったく知らず、蒙古人とみて鞭をふるったりしましたが、私はじっと耐えました。宴会になっても、私ども〝蒙古人〟はかれらの残飯を食べなくてはなりませんでした。

外蒙からの工作はいろいろありました。「いまにジンギスカンの石の寝像が立ち上がるぞ」という噂がひろまり動揺をきたしたこともあります。「蒙古人に独立をうながしている」と煽動しているのでした。このような情報もみな、私は、木村補佐官に報告していました。

しかし概して平和な毎日を暮らしたといっていいでしょう。冬から春にかわる五月末、オボ祭りの勇壮でたのしい競馬のことも忘れられません。私は純朴で勇敢な蒙古人を愛し、しだいに特務機関員というよりは一人の蒙古人教師としてこの地を愛するようになっていました。蒙古人になりきっていたのです。東アパハナールに骨を埋めてもよいと思っていました。

私がこんな話をするのも、ひとくちに特務機関といっても遂行した仕事の内容はさまざまだということです。機関に属したすべての人たちが謀略や残虐な行為をおこなっていたわけではない。

元特務機関員という経歴

下平は蒙古人として死のうと思っていた。ところが、ここで終戦。外蒙からソ連軍が攻め入ってくる。ピストルを渡されて、私どもと一緒に戦ってもいいし、逃げてもいい、と言われる。下平は〝威光〟として、ここで死のうと決心する。

そのとき機関長の専用車がきて、

「撤収する。迎えにきた。来い」

という。下平は迷うが、とりあえず命令にしたがい、ふたたび帰ってこようと思う。車を追ってくる子どもに、

「用事ができて林西まで行くことになった。すぐ帰ってくるよ」

と叫ぶ。それは下平の正直な気持だった。

それから後は、ソ連軍とたたかい、逃亡中に捕えられて拷問を受け、病院に入院するなど、さまざまなことがおきる。その間にもすでに〝元特務機関員〟という経歴がついてまわり、不可解なことがたびたびおきた。

幾度となく公安局の取調べを受け、国府軍調停部からも出頭を命じられた。下平を調べたのは、ＯＳＳ（ＣＩＡの前身）の極東部長をつとめていたリチャード大佐であった。取調べののち、下平は、「ＯＳＳ・蒙古研究所（上海）の調査に協力してくれないか」と言われる。

しばらく手伝ったのちに、やはり帰国したいと申し入れ、ＬＳＴ（軍用船）に乗せられたのは昭和二十一年十一月であった。

はじめて満蒙の地を踏んだのが二十歳のときで、日本に帰ってきたのは二十六歳。ところが、この〝元特務機関員〟という経歴が下平のその後の人生を大きく狂わせることになった。

九州の南 諫早《みなみいさはや》に上陸したとたんに、ほかの引揚者から離されて下平は米軍のカマボコ兵舎に呼ばれ、〝偽装引揚者〟ではないかという疑いで取調べを受ける。

翌日は米軍関係者のつき添いがあってようやく東京に向かう。下北沢の家にたどりつくと、そこには世田谷警察署の署員が待ちかまえていた。なにより衝撃を受けたのは自分の戸籍が抹消されていることであった。

「復活させるにあたっては本人確認調査が必要だ」

と、署員が言う。おどろきあきれた下平は幼なじみや友人知己を四十人くらい集め、そこで〝面通し〟をしてもらい、かろうじて四カ月後の昭和二十二年四月に戸籍を復活することができた。

下平の初志は青年団活動にある。神宮外苑にあった日本青年館をたずねてみたが、ここには星条旗がひるがえっていた。茨城県にある内原訓練所も訪れたが、建物は戦前のままでも、内部には人影がない。そこから帰りがけに上野にたむろする浮浪児たちを見た下平は、その群れのなかに入って活動を始め、「愛の運動」を道行く人たちに呼びかけるようになる。そのすがたを眼にした公共職業指導所にいた旧友が、

「この運動は東京都の労働局で扱おう」

と言ってくれた。下平は〝公職適性審査〟を受けている身のため、本採用はとても無理なので、嘱託として労働局職業課に勤務することになった。都の嘱託として働くいっぽうで、下平が志していたのは青年団活動の組織化という仕事である。

しかし〝元特務機関員〟という経歴ゆえか、つぎつぎにわけのわからぬ事件がおきて下平の生きる道はさえぎられる。

対ソ情報の諜報活動

……青年団活動をはじめようとするとき私は、猛威をふるっていた共産党活動の動向が気がかりでした。たまたまむかしの同志が戦後は共産党に入党しており、かれが〝落としてくれた〟信任状を持って第六回共産党大会に潜入ということもやってみました。そのような行動もよくなかったのでしょうか、その後、青年団体連絡協議会を開催するとき私のもとに、〝北方青年団代表〟という人物が二人あらわれた。出席させてほしいというので私は、都の職員としてオブザーバーの席を用意しました。

ところがこの二人は、警察本部の〝特高〟(公安)であったらしく、私もスパイの疑いを受けて、協議会からは出入り禁止を通達される羽目に陥りました。なんということか、私の周囲には、どうも〝情報関係者〟がちらちら動く。ある日、「よう」と手をあげて職場にやってきたのは北海道出身の進歩党・地崎宇三郎（先代）の秘書と名乗る男です。羽織袴に雪駄《せった》ばきという壮士のような目立つ恰好をしていました。名前は、高木寿之。よくよく思い出すと、私が昭和十七年頃、北戴河病院《ペイタイホウ》に情報活動で〝偽装入院〟していたとき、同室にいた陸軍の兵長なのです。私は、おかしな人間に出入りされては困ると思いました。

「公職適性審査を受けている身だから、誤解されては困る。用があるなら自宅に来てください」

と言った。しかしそのときはもう遅かったのです。上司である労働局職業課課長は朝鮮から引き揚げてきた元検事で私の公職適性審査を担当している一人でもありましたから、〈この〝元特務機関員〟はいまも政治家や怪しげな人物とつきあって情報活動をおこなっている。公職に近づけるべきではない〉と判断したようです。私は、都庁で働き始めてから九カ月目に、あっさりと解雇されました。

それからあとは働くところもない。高木寿之という男に求められた私は、共産党大会に潜入した体験などをまじえて、〝今後の青年運動をいかにして展開すべきか〟という論文を提出しました。地崎代議士はときの進歩党の幹事長です。この論文を見た地崎氏は大いに気に入ったらしく、北海道の自宅まで来てくれということなので、昭和二十三年三月五日に私は札幌に出かけて行きました。

地崎邸に行くと、出迎えたのが二世だったのにはおどろきました。「アメリカ合衆国政府特別嘱託　大田徳之」という名刺を差し出して、

「うちのヘッドが、あなたの論文をすばらしいと言っている」

という。ヘッドと呼ぶからにはアメリカ人のようです。アメリカ側には見せてほしくないと添書しておいた論文でしたので、思いがけぬ成り行きに私は戸惑いました。ここは地崎氏の自宅ではないのかと訝っていると、

「私が地崎の娘です」

と言って、奥から一人の婦人があらわれました。大田徳之は私のハズバンドである、という。〝秘書・高木寿之〟と約束したこととちがうと苦情を言うと、二人は、あのひとは一介の浪人であって走り使いだというようなことを答え、顔を見合わせて笑いました。

「ヘッドはガールゲットという。本来は反共運動に協力していただきたいのだが、青年運動のオブザーバーとして協力してもらってもいい。ぜひたのむ」

と言うのです。ガールゲットというのは当時、北海道に配置されていた米軍のＣＩＣ第六方面隊の隊長でした。対ソ情報の重要拠点として、とりわけ北海道の諜報活動には力を入れていたのです。

翌日、大田という二世は私をガールゲットのもとに連れて行きました。顔を合わせただけですが、そのあと大田は私にサンドイッチと国鉄のフリーパスをくれて、そのうち連絡

すると言いました。当時は一枚の汽車の切符を手に入れるのもたいへんな時代で、国鉄のフリーパスなどというものは米軍関係の幹部しか持つことはできない。私は断わる機会を失い、それを持って東京に帰ってきました。

いま思えば、高木——地崎——令嬢——大田——CICという構図の中に、知らないうちにとり込まれていたといっていいでしょう。

私は東京に事務所を持って、共産党や青年団についての研究や情報を、北海道のガールゲットのもとに送ることになりました。大田徳之を通じて支払われる毎月七万五千円という金は過分ではあるが組織や機構づくりに必要な資金でした。立場はあくまで、CICのオブザーバーというところです。

CIAからの調査依頼

こうして一年四ヵ月が過ぎました。下山事件がおきた直後でした。新宿で偶然に大田に出会うと、大田は、「ぼくはこれからすぐにアメリカに発つ。きみは指定の場所にあらわれなかった」と怒っている。私のもとに速達書留を出したというのです。事務所には届いていませんでした。「研究はつづけてくれ」と言い置いて姿を消しましたが、それ以後、私とCICの関係はとだえてしまいました。

私はまた仕事を失ったわけです。大田から私は国警渉外部の森野正義という人物を紹介されていましたので、たずねて行くと、森野は探偵社でもつくったらどうだと言って資金を都合してくれました。そこで私は、東中野に「富士探偵社」というのを設立します。森野は営業活動を担当して、

「北海道の北炭（北海道炭礦汽船）のことをやらないか」

と言う。その仕事の内容というのは、俗に〝定方事件〟といわれたもので、定方というヤミ金融業者のもとに児玉誉士夫《こだまよしお》がラジウムを持ち込んだのがきっかけです。それを担保にして児玉は北炭の子会社である小倉商事名義の手形を乱発。なんと北炭に二億五千万円の損害を与えているという。この実態を調査してくれというのです。私はかつて興亜青年運動の時代に児玉誉士夫の『獄中獄外』をテキストとして愛読したことがあり、この仕事は受けられぬと断わりました。

しかし森野は幾度も頼みに来た末に、北炭の原功一経理部副部長はぼくの仲人親と同じようなものだ、会うだけでも会って、ぼくの顔を立ててくれと言います。

私は原副部長に会いました。会ったところは国警本部四階の次長室です。そこから北炭の本社に連れて行かれて、七階で、当時常務だった萩原吉太郎に紹介されました。私には何のことかわからない。原副部長に、いったい何のために私はこのような人に会わなければならないのだとたずねますと、それは憲兵司令官のデービスに会ってからだというのです。デービス司令官には一度、私も会ったことがありました。

原副部長について行くと、今度は銀座にある『ケイ』という人形店の二階に連れて行かれた。そこに、米軍の軍人やシビリアンなど七、八人の男たちが顔を並べているではありませんか。ヘッドは鐘《チョン》という二世です。デービス憲兵司令官の副官かと訊きますと、ちがうと言います。じつは、鐘は、東京CICの工作隊長なのでした。鐘は私に履歴書を出せというので、私は怒った。ところが原副部長は、「下平さんには北炭の渉外部に所属していただくようにして、そのうえで私と同じ状態でCICと関わるようにしますので」と言います。話がおかしい。なぜ私がCICにかかわらなくてはいけないのか。

翌日、原副部長からまたも連絡があり、新橋のお狩場焼き屋『藤野』で再会しますと、どうしても北炭渉外部の社員になってくれという。渉外の仕事は時節がら、どうしてもCICと関係を持たざるを得ないのだというのです。変名でやってくださいという。そこまで言われては断わりきれず、私はその店の名にちなんで〝藤野正〟と名乗ることになりました。

その藤野正の仕事も、一貫して、共産党研究でした。くり返すように、戦後の青年運動とのかかわりからいって切り離せぬ私のテーマでもありました。私は、千代田社会研究所なるものを設立し、そこには北炭から毎月三十五万円が振り込まれることになりました。

その金を調査研究費としてデータを集め、それらを東京CICに提出するのです。北炭グループの一員として、CICに協力するシステムの一部に組み込まれたといってよいでしょう。いっとき私は総勢二十名におよぶ調査員を使って共産党研究をつづけました。昭和二十六年にはＣＩＡからも調査依頼がきました。

北炭から、費用を半減する、という通達があったのは、昭和二十七年五月一日のメーデー事件の直後のことでした。さらに、ＣＩＡからも解雇の通知がきました。大田からの連絡によると、

「あなたはＣＩＡと東京ＣＩＣと、両方から報酬の二重取りをしている」

というものでした。おどろいて調査してみますと、その密告は東京ＣＩＣの鐘《チョン》の仕業でした。

人生を決定的に変えた記事

アメリカの情報活動と縁が切れてから下平冨士男の生活環境は大きく変わっていく。いろいろな事業に手を出したが、うまくいかなかった。

昭和三十一年から、当時千葉県の稲毛にあった復員局で仕事を始め、ほっとしていると、またおかしなことにまきこまれた。

下平がＣＩＣの命令によって思想調査をおこなったということが衆議院法務委員会で問題にされているという。身におぼえのないことであった。上司の復員局調査課長は、

「たいへん迷惑している。法務委員長の猪俣浩三代議士のもとへ行って、ちゃんと説明し

てくれ」

というので衆院議員宿舎に猪俣代議士をたずねて行く。ところが約束しておいたにもかかわらず代議士は不在。やむなくその当時住んでいた大磯の自宅に帰ると、おどろいたことに共同通信社の社旗を立てた自動車が停まっており、二人の記者が出てきた。

「CICのことを教えてくれ」

と言う。下平は身の証しをたてたいという気持もあったので、体験したことや知っていることを記者たちに話した。二人のうちとりわけ興味を示したのがS記者で、その後は二年間にわたって協同作業のようなことがつづいた。

たまたま週刊誌戦国時代に入ったところで、情報拡大化がすすむとともに、過去に占領軍がおこなったCICやCIAの行為がマスコミの恰好の材料にされているときであった。下平は、思わぬことで、マスコミから追いかけられる立場になっていた。

猪俣法務委員長はキャノン事件に関してCIAの問題と取り組んでおり、裏の動きに関与した下平の体験は貴重であった。猪俣代議士は昭和三十四年に『サンデー毎日』に、猪俣の解釈によって、下平のことをいろいろ書いて紹介した。この記事は下平にとっては驚天動地のことで、誤解に満ちていた。

さらに下平の人生を変えることになった、決定的な記事が出た。それは『文藝春秋・涼風読本』（昭和三十五年夏臨時増刊）に載った「スパイ商売儲からない」と題した署名原稿であったという。

下平は言っている。

「私はこれをはじめて見たとき愕然としました。私の署名原稿になっているではありませんか。私はこんな原稿を書いたおぼえはまったくない。文藝春秋に抗議しましたが、この記事原稿を持ち込んだ人物の名を聞いて私はおどろきました。なんと、Ｓ記者だったのです」

この記事に冠された「スパイ商売儲からない」というタイトルは、下平を完全に社会から抹殺する力を持っていたという。

蒙古のために余生を捧げたい

……友人や同僚はみな私と接触することを避けて、逃げて行きました。それはそうでしょう。スパイを〝商売〟とし、それを売りものにして雑誌に発表するような者とだれがつきあうものですか。たしかに私は元特務機関に所属していた。それを〝スパイ〟と呼ばれるのはまだしものこと、〝商売〟にしたおぼえはないのです。

以来、私の名は〝スパイ〟の代名詞のようにひろめられ、扱われることになりました。〝汚名〟をかぶせられた私は、その後二十年間、定職につくこともできず、冷凍倉庫の荷役をつづけて細々と生活してきました。おかげで肝臓もいためました。

昭和五十一年にロッキード事件が発覚した際にも、私がかつてCICのスパイとして暗躍したかのように、マスコミに再登場させられ、国内ばかりでなく外国の取材陣も私のもとに殺到しました。私は懸命に〝汚名〟のことを説明しました。

同僚たちがつくった「アパカ会」の存在を知ったのも三年前のことです。元アパカ特務機関にいた人たちでつくられており、すでに会合は六回目を数えるというのに、〝スパイ商売〟の記事のおかげで、みな私に知らせるのを敬遠していたものと思われました。私が京都でおこなわれた会場にすがたをあらわすと、なつかしい連中が、どうしていたのかと寄ってきました。私は、懸命に真相を説明し、かれらもようやく事情を理解してくれたようでした。なぜ私の戦後の人生がこのようなことになったのか。やはり私が、戦時中に、〝特務機関〟という特殊な任務について情報活動をおこなっていたためでしょうか。

考えてみれば、私の初志も、いまの思いも、時代の青年たちをいかに伸ばし、教育して行ったらいいか……そのことに尽きています。

戦時中も戦後もこの思いは変わりませんでした。共産党研究に私を走らせたのも、その志のためです。私は特務機関に所属していたけれども、蒙古人の一教師だった。蒙古人として死にたいと思っていた。この年齢になると、頭にうかんでくるのは蒙古のことばかりです。どのような微力でもいい、いまの私は、日本と蒙古のために尽くしたいと、そればかりを考えています。そのために余生を捧げたいと思っています。

長い話を終えて下平冨士男はふうっと溜息をついた。数奇な人生といってもいいだろう。下平本人が言うように、それは戸籍を抹消されてまで働いた〝元特務機関員〟という経歴に振りまわされた人生といってもよい。

いま下平は、肝硬変の再発をおそれながら、毎日を日本と中国の友好のために働いている。三十九年ぶりに第二の故郷〝蒙古〟を訪れ、錫林浩特《シリンホト》に降り立って、草原と砂漠を見て涙した。青春と、初志の純情をふたたび強く思い出したという。その後には中国の内蒙地区から日本に訪れてくる青年団や芸術家たちの面倒を見て、〝日本のおとうさん〟とも呼ばれている。

これまでのことを雑誌『中央公論』（昭和五十九年十一月号）に、「特務機関員アパカに帰還す」として書いた下平は、

「戦後、私は誤解と中傷と冤罪のなかで生きてきた。この汚名をなんとかして晴らしたいと、その思いだけが私の気持のなかで交錯していた。いまここにそれを書きあらわして、遥かな草原に散った僚友の霊に報いたいと思う。日中友好のきずなが、二度とふたたび中断されることのないよう願ってやまない」

と終えている。これも、元特務機関員の生きた軌跡の一つといえるだろう。

裁判が終わったら金の清算を

昭和五十八年十月十二日、「総理大臣の犯罪を裁く」といわれたロッキード事件丸紅ルートの裁判に判決がくだされた。ご存じのごとく、元首相の田中角栄に懲役四年追徴金五億円、元首相秘書・榎本敏夫に懲役一年執行猶予三年、元丸紅会長・檜山広に懲役二年六月、元丸紅専務・大久保利春に懲役二年執行猶予四年、元丸紅専務・伊藤宏に懲役二年というものであった。世間は「外国から金を手に入れた」元総理にたいして厳しい声を浴びせた。

それより数日前、私は広島に岩田幸雄をたずねる機会があった。本書のなかでも紹介したが、岩田は、笹川良一、児玉誉士夫の盟友である。戦前は上海に住んで活躍し、笹川とともに児玉たちを指導・協力して海軍航空本部の〝資材〟を集め、終戦時には児玉機関とともに「金条(金の延べ棒)、プラチナ、ダイヤモンド、ヒスイなど軽くて値のはるもの」を朝日新聞社の社機に載せて日本に運んだ。これら「外地から得た貴金属」は当時の金額にして一億五千万円とも二億円ともいわれる。これらが児玉の手を経て、日本の保守党創始の資金になったのはよく知られるところだ。

岩田と会うのは四年振りだった。岩田の肩書も、競艇界のドンである笹川良一との縁がつづいているのだろう。「西日本海洋協会会長」となっていた。私の顔を見るなり岩田は、「おもしろいものを見せようか」

と言った。部屋の片隅に案内されると、そこにはさまざまな写真のパネルが二十枚くらい重ねられていた。

「これだよ」

抜き出したのは白髪の岩田と坊主頭の児玉誉士夫とが談笑している写真で、児玉のほうは岩田に向かって右手の五本の指をひらき、なにごとか話しかけている。側近の者がとっさに写したスナップ写真らしい。撮影した場所は東京都内にある児玉誉士夫の事務所であるという。

「五本の指をひらいているのは五万ドル（およそ千二百五十万円）という意味なんだ。今度のロッキード裁判（児玉ルート）が片づいたら私に五万ドル支払うから、と児玉が私に喋《しゃべ》っているところだよ。ロッキード社からもらった金は数十万ドルといわれているが、いずれにしても五万ドルは〝正しいカネ〟……正当に受け取っていい金だと児玉は主張しておるんだ。裁判が終われば五万ドルはかならず自分のもとにかえってくる。それをあんたに返そうと児玉は言うとるんじゃ。借りを返そうというわけじゃな」

と言って、岩田は笑った。

「いつ撮《と》られたものですか」

「三年前に会ったときの約束だ」

三年前といえばロッキード事件児玉ルートの裁判がおこなわれているときである。その後、児玉誉士夫は病いに倒れて裁判の進行は遅れていた。

「三十八年前の貸しを返してもらおうということじゃ。終戦直後、私は当時の日本円で五百万円という大金を赤坂の住友銀行に預けておいた。ところが私が上海で死亡したというデマが流れて、さきに帰っていた児玉や高源重吉、吉田彦太郎などがその金を使い果たしてしもうた。ロッキード裁判のケリがついたら、その金を現在の貨幣価値に換算して返却すると児玉は約束しているんです。五万ドル全部を私のほうにまわしてくれるかどうかはわかりませんけどね。少なくとも何割かは返してくれるでしょう」

「空手形《からてがた》に終わるのではないですか」

「いや、写真だけじゃないよ。このときの対話はちゃんとテープにも録音してあるんだ」

と岩田は自信ありげに言った。

私は児玉誉士夫が片手をひろげた写真にしばらく見入った。三十八年前の貸し借りがいまも生きているのである。中国の上海で得た金が今度はアメリカのロッキード社から得た金で穴埋めされるという事実が、なんとも皮肉であり、日本の金脈のかたちを暗示しているようでもあり、やりきれない。

人脈はすなわち金脈でもある。日本人の人と人とのつながりには〝出会い〟や〝恩義〟や〝情〟がからんで、複雑な、思いもかけぬ地下人脈をつくりあげている。その人脈をあたかも血が浸透して行くように金も流れる。世の中を明るくする人脈もあれば暗くする陰湿な人脈もある。

「つきあいは一生、つづきますよ」

と岩田は言った。そのとおりだろう。上海人脈や満洲人脈の上に陸軍人脈や海軍人脈が重なり合い錯綜《さくそう》し、さらに戦後の複雑な人脈がつけ加えられる。この日本に独特の〝情〟の人脈を解明していかなければ、すべての疑獄の真相も闇《やみ》の〝地下〟に消えて行くにちがいない。

あとがき

中曽根政権のあと、ときは竹下登、安倍晋太郎あるいは宮沢喜一の政権の時代に移ろうとしている。竹下や安倍などは総裁選を前にして、「戦うのは大いに激しく厳しく戦ってもいい。しかし、これまでの戦い（池田・佐藤、田中・福田）のように怨念が残るのはいやだ。怨念を残さない堂々たる戦いでいきたい」と、異口同音に言っている。ニューリーダーと呼ばれるだけあって、世代の交替、世代の感覚の相違を感じさせる言葉だ。どろどろの、一か八かの勝負で権謀術策を戦わせる時代ではなくて、さわやかに、スポーティに争うゲーム時代といおうか。しかし先輩たちが、「あいつらは保守合同のアラシもくぐっておらん。修羅場《しゅらば》を知らんので頼りない」とみているのも事実だ。

戦後四十年を越え、中曽根康弘は「戦後政治の総決算」を叫び、宮沢喜一は、「戦後民主政治の継承」をスローガンにかかげているが、たとえ竹下・安倍が新時代の新感覚を導入しようとしても、〝戦後の流れ〟あるいは〝怨念の地下水脈〟とは無縁で前へ進むことはできないだろう。

田中角栄は学歴こそないが、ほとんど毎日三時間睡眠という努力で法や経済学を勉強し、暗記し、なにより〝人脈〟を知ることにおいて天才的であった。

「日本の政治は人脈なり」

といってもいいくらいのものだ。高級官僚についてはおろか、地方に生きる人たちの係《けい》累《るい》や趣味にまで通じており、

「おとうさんは、元気かね」

と言われて、そんなことまで気にかけてくださっているのか、と一度で角栄ファン、角栄支持者になった者は数知れない。

田中角栄は閣議を脱け出しても、あわただしい数時間、地方の人たちの冠婚葬祭には飛行機で往復して出席したという。強力な勢力とゆるぎない支持の地盤は、思わぬところに〝人脈〟の網をひろげ、それをたいせつにしているところにある。

よくも悪くも、日本人の場合は義理と人情の人脈といおうか。〝出会い〟の人脈といおうか。多くは〝恩義〟がからまっている。昼間は公《おおやけ》の場で丁《ちよう》丁《ちよう》発《はつ》止《し》と戦っていても、夜になれば、「いやいや、どうもお世話になりまして」

と、酒をくみ交わす。日本の社会には〝建前《たてまえ》人脈〟と〝本音《ほんね》人脈〟があるといってもいいだろう。そのもっと底流に〝地下人脈〟があるといえるかもしれない。

眼には見えない〝本音人脈〟や〝地下人脈〟を知らなければ、ことは動かない。逆に、これらに通じていれば、どこを押せばどこがとびあがる、ということもよくわかる。

ここに収録してもらった原稿は以前に書いたもので、いわば歴史の暗流を探索した結果だが、この延長の仕事としてはたとえば〝テロ人脈〟とか〝公安人脈〟を探ることも必要になってくると思う。登場人物や証言者のなかには、故人になられた方もある。いちいち訂正すべきだが、これはこれで、というおすすめもあり、一部分をのぞいて書いた時点のままでお許しをねがうこととした。

地下人脈や地下水脈はいまも生きて新しい山や川をつくりあげている。そのことを連想しながら読んでいただければ幸いである。

昭和六十一年二月

岩川　隆

解説――ドキュメント・ミステリーとしてのおもしろさ

大下《おおした》英治《えいじ》

わが師匠岩川隆さんの『日本の地下人脈―政・財界を動かす「陰の力」』（原題）が、あらためて読まれることがうれしい。

いまや、昭和史、戦後史ブームともいえる。戦後六十二年経ち、あらためて昭和、それも戦前はいかなる時代であったのか、第二次世界大戦は、どうして突入し、どうして敗れたのか、戦後、どのようにして日本は立ち上がったのか――を振り返りはじめている。

安倍《あべ》晋三《しんぞう》総理は、しきりに「戦後レジーム（体制）からの脱脚」を口にしている。その「戦後レジーム」は、いかにしてつくられたのか、じつは、いまだ謎に満ち満ちている。

安倍総理のもっとも尊敬し、ある意味、「思想的クローン」ではないか、とも見られる岸信介《きしのぶすけ》元総理は、右翼の首領児玉誉士夫《こだまよしお》とならんでこの作品のある意味主人公とも言える。第三章「満洲人脈と岸信介」にそれはくわしいが、「満洲とはいかなる国家であったか」が、いまあらためて問い直されているとき、日本の傀儡《かいらい》国家であった満洲の闇と戦後満洲帰りの人たちがいかに戦後の日本を「陰」で動かしたかをみごとに浮かび上がらせている。なお岸は、「満洲の妖怪」と呼ばれたが、いわゆる「二キ三スケ（東條英機《とうじょうひでき》、星野《ほしの》直樹《なおき》、岸信介、鮎川義介《あゆかわぎすけ》、松岡洋右《まつおかようすけ》）」のひとりであった。

わたしは、いま戦後政権暗闘史七巻を執筆中だが、その二巻目は、『親米流血・岸（信介）VS大野《おおの》（伴睦《ばんぼく》）』である。この作品の戦前の岸信介の秘められた姿は、大いに役立っている。

わたしが、この作品を読みながら、うらやましくてならなかったのは、右翼の首領児玉誉士夫を描いた第二章の「上海人脈と児玉誉士夫」である。わたしは、昨年『昭和闇の支配者』全六巻を上梓したが、その第一巻は『黒幕—児玉誉士夫』であった。

幸いにして上海のいわゆる「児玉機関」の生き残りの機関員に出会うことができ取材できたが、岩川さんは、この作品で、児玉機関の大幹部、いや本人に言わせると、大幹部どころか「児玉の育ての親、あるいは兄貴分」であった岩田幸雄《いわたゆきお》広島県モーターボート競走会会長に取材し、大いに語らせている。なお、岩田会長は、やはり右翼の首領である笹川《ささがわ》良一《りょういち》氏とも深く、その関係で笹川のモーターボートの仕事に関わっている。

その岩田会長には、ぜひわたしも児玉の実像を聞きだしたかったが、すでに亡き人であった。昭和史を描くとき、証言者が生存していないことが、一番悔しい。

岩田会長は、わたしの知りたかった謎の「水田光義《みずたみつよし》殺人事件」の真相にまで触れている。東光公司の水田光義といえば、当時の上海ではあくどい商売で知られていた。岩田によると、上海に慣れないころの児玉から水田の東光公司に品目の依頼がくると、水田はそのリストに載っている品々をまず買い占める。当然それらの値が上がる。高騰したころを見はからって、水田は、児玉に恩を着せながら、売りつける。児玉はなにも知らずに高い品物を摑まされていたという。

その水田が殺される。岩田会長は、岩川さんに語っている。

「はじめおれは、辻政信《つじまさのぶ》（当時陸軍中佐）がやらせたのだろうと思った。辻は純粋な正義漢だったから、水田商法の悪い噂を耳にしてかれを消してしまったのだろうと推測した。だがよく考えてみると、水田商法のからくりを知っているのは、ごく内輪の者ばかりだ。辻の耳にまではとどかないだろう。そうなると水田をやったものは、児玉に近い人間ということになる。しかし、おれはその考えを捨てたね。児玉には人を殺すだけの度胸はないよ。人を殺すということは、たとえ配下にやらせるとしても自分で手をくだす以上の度胸が必要なんだ。ただし、水田光義が殺された日から、児玉のところに出入りしていた〝鈴木〟という男が姿を消した。こいつが犯人かもしれない。〝鈴木〟は戦後になって北海道で死んだと聞いているが、いまもって私には〝水田殺し〟の真犯人はわからない」

児玉機関をつくる恩人的人物である陸軍中佐で、上海で公館を持つ岩井機関の主である岩井英一氏も、この事件について岩川さんに打ち明けている。岩川さんはこう書く。

『飛行場で、岩井はばったりと児玉に出会った。「どこへ?」とたずねると、「じつはこれから日本へ帰るんです」と言う。「いいねえ」岩井がうらやましそうな顔をしたところ児玉は「ちょっと」と言って岩井を飛行場の片隅に引っぱっていき、「おねがいがあります」と真剣な顔つきである。

児玉は、「きょうここで私に会ったこと、そして私が東京へ出発したことはぜったいに内緒にしておいていただけませんか」と懇願する。軍も秘密好きだなあと思って、岩井はだれにも口外しないことを約束した。しかし領事館に帰って机の上の書類に眼をとめた岩井は、はっとした。そこに届けられているのは〝水田光義殺害事件〟についての警察の詳細な報告書であった。……長椅子、前額部にピストル発射の痕、火薬のスス、灰皿に吸いかけの煙草が一本、水田は煙草を喫わない、抵抗のあともなく顔面の筋肉も引きつったあとはない、テーブルに訪問客と茶を飲んだ形跡……くわしい調べは、犯人が被害者と親しい者か面識があることを示していた。

「私は、はっと思いました。前日に事件がおきたときは、許斐《このみ》かな、それともひょっとしたら影佐《かげさ》さんがやらせたかなと思っていたので児玉の名前などツユほども思い浮かべませんでした。しかし飛行場のことは偶然だろうか。児玉が直接に手をくださないまでも、なんらかの関係はあるのではないかと……」

岩井のはなしを聞いていると、こちらの背すじも冷たくなってくる。まさに一編のドキュメント・ミステリーである』

この作品そのものが、ドキュメント・ミステリーとしてのおもしろさをそなえている。

なお、この児玉機関の集めていたプラチナやダイヤモンドが、戦後、鳩山一郎の結成する日本自由党の資金に化けるわけである。

岩川さんは、戦前の「海軍人脈」と中曽根康弘、さらに「特務機関」にまで触れ、戦前、戦後の闇をあざやかに浮かび上がらせ、ロッキード事件にまで運んでいく。

わたしの耳に、岩川さんの「あらためて読んで、大下氏、どうだい」という声が聞こえてきそうである。

□

…わたしが岩川さんに会うきっかけは、この作品流にいうと「広大人脈」といえよう。

広島大学出身の作家梶山季之《かじやまとしゆき》さんが、わたしが広島大学三年生の秋、つまり昭和四十一年の秋、広島大学の文化祭に、講師として来校された。その当時わたしの知っていた梶山さんについての知識は、まずは産業スパイを扱った『黒の試走車』で颯爽《さっそう》とデビューした「週刊文春」のいわゆるトップ屋出身の作家ということであった。

講演のあと、梶山さんは、「広大文学」という同人誌を出している文芸部のわれわれだけと懇談会をもって下さった。

さいごに、梶山さんは、人懐っこい顔をして言った。

「みんな、困ったことがあれば、いつでもわたしを頼ってきなさい」

わたしは、のち上京し、困ったとき、あつかましくも梶山さんに電話を入れ、その縁でやはり広大文学部独文科出身で、やはり「週刊文春」のトップ屋であった岩川さんを知ることになる。

わたしは、昭和四十四年、二十五歳のとき、岩川さんに思わぬことを言われた。

「おれも、近いうち独立して作家として一本立ちする。そうなると、梶山さん、おれ……とつづいていた『週刊文春』での広島大学の流れが途切れる。どうだ、ひとつ『週刊文春』に入って、トップ屋をやってみるか」

それから一週間後、わたしは、千代田区紀尾井町の文藝春秋社のロビーで、「週刊文春」の小林米紀編集長、宮田親平デスクに紹介された。

岩川さんが、二人にわたしを紹介した。

「田舎者《いなか》でオッチョコチョイのところはありますが、突撃精神は旺盛です。わたしが梶山さんから教わった、一日、五人にはかならず会う、という精神は受け継いでいかせます」

梶山さんは、岩川さんら週刊文春のいわゆる「梶山師団」のメンバーに、口が酸《す》っぱくなるほど言っていた。

「一日に、どんなことがあっても五人に会え。週刊誌の取材で三人しか会えないなら、そのあと二人は、取材と関係なく会え。それも、ドロボウや詐欺師《さぎ》など、ふつうでは会えない人物と会え」

岩川さんは、わたしが「週刊文春」のトップ屋になるのと入れ替えに作家として独立するはずであった。が、「週刊文春」の記事を書き終えたあと、家に帰り、吐血し、入院してしまった。一年間、独立がのびてしまった。

岩川さんは、週刊文春のトップ屋十一人をまとめきっていた。「岩川師団」というにふさわしかった。岩川さんは、「岩さん」と呼ばれ、全員から慕《した》われていた。

岩川さんは、新入りのわたしに、取材の仕方から記事の書き方まで、じつにやさしく、細かく教えて下さった。

「週刊誌の出だしは、前後の説明のいらないおもしろい話を、まず持ってくる。いきなり、読者を魅きつけなさい。週刊誌には、記事は、何本もあるんだ。出だし三行がおもしろくなければ、大下氏の書いた記事を飛ばして、次の記事に移る。そうして、まず読者を魅きつけておいて、必要最小限の説明をはじめて、それから話をしだいに盛り上げていけ。ヤマ場は、出だしより、さらにおもしろい話をもっていけ。ただし、最高に盛り上げたところで、サッと終われ。もっと読みたいな、という八分目で切れ。ダラダラと続けると、読者は飽きがくる」

なお、岩川さんは、後輩のわたしたちを「大下」と呼び捨てにすることは決してなかった。「大下君」と君づけにすることもなかった。「大下氏」とかならず「氏」をつけて呼んだ。岩川さんの他人に対する姿勢がよくあらわれている。

岩川さんは、トップ屋魂についても語った。

「大新聞の記者は、おれは大衆より偉い、と一段高いところに位置している。大衆に教えてやろうという態度でいる。そういう姿勢では、視線が高過ぎて、真実は見えない。おれたちは、たかがトップ屋だが、視線が低いぶん、大新聞の記者には見えないものが見える」

岩川さんは、一本立ちしてからは、はじめのうちは、先輩の梶山さん流の社会のメカニズムを暴く小説を書いていた。が、しだいに岩川さん独自の境地を拓《ひら》いていった。

岩川さんは、梶山さんとはちがう岩川鉱脈を掘り当てていった。青函《せいかん》トンネルを掘る苦闘を描いた『海峡』や、『神を信ぜず―BC級戦犯の墓碑銘』、『多くを語らず』は、いずれも直木賞候補となった。『孤島の土となるとも―BC級戦犯裁判』では、講談社ノンフィクション賞を受賞した。

戦犯物でも、たとえば梶山さんなら、マレーの虎とうたわれた山下奉文《やましたともゆき》などA級戦犯に興味を抱いたであろうが、岩川さんは、あくまでBC級戦犯の悲しみに光を当て、彼らの地獄を掘り起こしていった。

権力者を徹底的に憎み、日の当たらない庶民にやさしい眼を注いで描きつづけた。

この作品でも、日本の植民地である満洲を「五族協和」と唱《とな》える支配者たちの姿を抉《えぐ》ってやまない。

満洲に派遣された官吏が、着任早々の祝宴でズバリ口にする。

「〝五族協和、五族協和というけど、あれは女郎の涙と同じですな〟と言ってのけた。女郎というのは客に真実らしく見せるためには、ときに涙も流さなければならない。そのとき女郎はツバを眼につけて、ほんとうに泣いているようにみせるのです。『五族協和というのも、いまではまさにそういうことでしょう』そう言いましたら処長の顔色が蒼くなった。『ぼくの前だからいいようなものの、憲兵の耳にでも入ったら、ただではすまないぞ』とたしなめるように言いました。しかしかれに向かってそう喋ったとき、すでにただではすまなくなっていたのです。それから三日後に私は内地へ送り返されました」

岩川さんを慕うわたしたちフリーの物書きと編集者の会に「キリキリ会」があった。

「ピンからキリまで」のキリからとったもので岩川さんの命名だった。ピンの人間だとえらそうにふんぞりかえっている人間より、キリの人間と自覚している人間の方に味があるぞ、という岩川さんの意地のようなものであった。

「キリキリ会」の忘年会で会う晩年の岩川さんは、仙人に近い枯れた風貌になることに反比例して、だんだん過激になっていった。

「そんなもの後生大事に守って、何になるんだ！」

わたしなど、攻めを口にしながらも、この言葉を聞き、ハッと胸を衝《つ》かれた思いであった。

岩川さんは、平成十一年の暮れ、突然脳幹出血のため倒れた。二度と意識を回復することなく、平成十三年七月十五日、死を迎えた。

今回、この作品を読みながら、岩川さんの晩年の鋭い声が耳に響いてきた。

「何か、守りたいもんがあるんか！　おい、大下氏！」

あらためて姿勢を正される。

岩川さんは、仕事の合間を縫って、競馬場にもよく足を運んだ。競馬に縁の薄いわたしも、岩川さんに連れられ、中山や府中の競馬場に何度か行った。馬を見ているときの岩川さんは、じつに楽しそうであった。

岩川さんの『馬券人間学』、『競馬人間学』などの競馬に関するエッセイは、馬と、馬に入れこむ人間に対する心温まる珠玉の短編ともいうべきものである。競馬を愛する者だけでなく、わたしのように競馬に熱中しない者をも、魅きつけ酔わせた。

わたしは、岩川さんのそのジャンルの作品も、あらためて文庫本になって、読者の心を温めてもらいたいと願っている。

平成十九年六月七日

本書は、昭和六十一年三月、光文社から『新版 日本の地下人脈――政・財界を動かす「陰の力」』として文庫判で刊行されたものです。再刊にあたって、明らかに事実誤認・誤植と思われる部分のみ訂正しました。尚、本書の中には、今日の観点からみると差別的表現ととられかねない箇所がありますが、著者自身に差別的意図はなく、また著者が故人であることを鑑み、原文どおりとしました。

一〇〇字書評

切り取り線

購買動機（新聞、雑誌名を記入するか、あるいは○をつけてください）	
□（　　　　　　　　　　　　　　）の広告を見て	
□（　　　　　　　　　　　　　　）の書評を見て	
□ 知人のすすめで	□ タイトルに惹かれて
□ カバーがよかったから	□ 内容が面白そうだから
□ 好きな作家だから	□ 好きな分野の本だから

●最近、最も感銘を受けた作品名をお書きください

●あなたのお好きな作家名をお書きください

●その他、ご要望がありましたらお書きください

住所	〒				
氏名		職業		年齢	
Eメール	※携帯には配信できません		新刊情報等のメール配信を希望する・しない		

あなたにお願い

この本の感想を、編集部までお寄せいただけたらありがたく存じます。今後の企画の参考にさせていただきます。Eメールでも結構です。

いただいた「一〇〇字書評」は、新聞・雑誌等に紹介させていただくことがあります。その場合はお礼として特製図書カードを差し上げます。

前ページの原稿用紙に書評をお書きの上、切り取り、左記までお送り下さい。宛先の住所は不要です。

なお、ご記入いただいたお名前、ご住所等は、書評紹介の事前了解、謝礼のお届けのためだけに利用し、そのほかの目的のために利用することはありません。またそのデータを六カ月を超えて保管することもありませんので、ご安心ください。

〒一〇一-八七〇一
祥伝社文庫編集長　加藤　淳
☎〇三(三二六五)二〇八〇
bunko@shodensha.co.jp

祥伝社文庫

上質のエンターテインメントを！　珠玉のエスプリを！

祥伝社文庫は創刊15周年を迎える2000年を機に、ここに新たな宣言をいたします。いつの世にも変わらない価値観、つまり「豊かな心」「深い知恵」「大きな楽しみ」に満ちた作品を厳選し、次代を拓く書下ろし作品を大胆に起用し、読者の皆様の心に響く文庫を目指します。どうぞご意見、ご希望を編集部までお寄せくださるよう、お願いいたします。

2000年1月1日　　　祥伝社文庫編集部

日本《にほん》の地下人脈《ちかじんみゃく》　戦後《せんご》をつくった陰《かげ》の男《おとこ》たち

平成19年7月30日　初版第1刷発行

著　者　岩《いわ》川《かわ》隆《たかし》

発行者　深澤健一

発行所　祥《しょう》伝《でん》社《しゃ》

東京都千代田区神田神保町3-6-5
九段尚学ビル　〒101-8701
☎03（3265）2081（販売部）
☎03（3265）2080（編集部）
☎03（3265）3622（業務部）

印刷所　萩原印刷

製本所　ナショナル製本

ISBN978-4-396-33368-3　C0195

祥伝社のホームページ・http://www.shodensha.co.jp/

祥伝社黄金文庫

井沢元彦　言霊（ことだま）

日本人の言動を支配する、宗教でも道徳でもない〝言霊〟の正体は？　稀有《けう》な日本人論として貴重な一冊。

井沢元彦　歴史の嘘と真実

井沢史観の原点がここにある！　語られざる日本史の裏面を暴き、現代の病巣を明らかにする会心の一冊。

井沢元彦　穢《けが》れと茶碗

進歩的文化人、憲法学者、平和主義者…彼らの「差別意識」が国を滅ぼす。日本人の行動原理を解き明かす！

井沢元彦　誰が歴史を歪《ゆが》めたか

教科書にけっして書かれない日本史の実像と、歴史の盲点に迫る！　著名言論人と著者の白熱の対談集。

井沢元彦　誰が歴史を糺《ただ》すのか

梅原猛・渡部昇一・猪瀬直樹…各界の第一人者と日本の歴史を見直す、興奮の徹底討論！

井沢元彦　言霊Ⅱ

言霊というキーワードで現代を解剖し「国際人」の自己矛盾を見事に暴く！小林よしのり氏も絶賛の一冊！

祥伝社黄金文庫

井沢元彦
日本を殺す気か！
「試験エリート」たちが頻繁に繰り返す不祥事と厚顔無恥な無責任体質、その病巣を歴史的見地から抉る！

井沢元彦
激論 歴史の嘘と真実
これまで伝説として切り捨てられていた歴史が本当だったら？ 歴史から見えてくる日本の行く末は？

井沢元彦
「言霊の国」解体新書
日本の常識は、なぜ世界の非常識なのか。「平和主義者」たちが、この国をダメにした！

井沢元彦
日本史集中講義
点と点が線になる――一冊で、日本史が一気にわかる。井沢史観のエッセンスを凝縮！

奈良本辰也
高野　澄
京都の謎
これまでの京都伝説をひっくり返す秘密の数々…アッと驚く、誰でもが知っている名所旧跡の謎。

奈良本辰也
高野　澄
謎の日本海賊
平家水軍はなぜ源氏に敗れたのか？ 咸臨丸《かんりんまる》になぜ塩飽《しわく》出身者が多いのか？ 歴史を変えた海の男たちのロマン。

祥伝社文庫・黄金文庫　今月の新刊

柴田哲孝　下山事件 最後の証言〔完全版〕
「祖父は実行犯だったのか」昭和史最大の謎に迫る！

畠山清行　何も知らなかった日本人
戦後謀略事件の真相。衝撃の書、復刊！

岩川　隆　日本の地下人脈
戦後をつくった陰の男たち。〝黒幕〟たちの実態とは？

五條　瑛《あきら》　3way Waltz《スリーウエイ・ワルツ》
旅客機墜落事件を巡り、日米朝のスパイが暗闘！

岩井志麻子　嫌な女を語る素敵な言葉
女の裏側は凄まじい。妙手が描く「戦慄の女」

草凪　優他　秘戯E
100万部突破の人気アンソロジー最新作！

小杉健治　女形《おやま》殺し　風烈廻り与力・青柳剣一郎
斬首刑が執行された。だが、濡れ衣だったら

崔《チエ》　基鎬《ケイホ》　歴史再検証　日韓併合
韓民族を救った「日帝36年」の真実

宮崎興二　江戸の〈かたち〉を歩く
八百八町に秘められた○△□とは？

片岡文子　1日1分！英単語　ビジネス
使えるキーワード100